高职高专"十三五"规划教材

汽车类专业立体化数字资源配套教材

汽车零部件识图

李年芬　刘晓军　主编
张正祥　朱　炼　张良勇　副主编

化学工业出版社

·北京·

本书从汽车检测与维修等相关专业人才培养目标出发，遵循以"识图为主"的原则，以正投影的基本理论为基础，以识读组合体三视图和识读零件图为重点。本书共分为识图的基本知识，点、直线和平面的投影，基本几何体，组合体，机件的基本表示方法，标准件与常用件表示法，读零件图，读装配图，钣金图与焊接图9章内容。

与本书配套的《汽车零部件识图习题集》（张正祥等编著）将同时出版，习题集的编排顺序与教材保持一致，可供选用。

为方便教学，本书配套视频、微课、课件、习题参考答案等数字资源，视频、微课等通过扫描书中二维码观看学习，教学课件、习题参考答案等可登录化学工业出版社教学资源网 www.cipedu.com.cn 免费下载或到 QQ 群 107141977 索取。

本书可作为高职高专院校、成人高校、中等职业院校汽车类专业教材，也可供其他工程类专业学生使用，并可作为工程技术人员培训用书或参考书。

图书在版编目（CIP）数据

汽车零部件识图/李年芬，刘晓军主编. —北京：化学工业出版社，2017.9（2024.3重印）
高职高专"十三五"规划教材
ISBN 978-7-122-30581-7

Ⅰ.①汽⋯ Ⅱ.①李⋯ ②刘⋯ Ⅲ.①汽车-零部件-机械图-识别-高等职业教育-教材 Ⅳ.①U463

中国版本图书馆CIP数据核字（2017）第221024号

责任编辑：韩庆利　甘九林　　　　　装帧设计：史利平
责任校对：宋　夏

出版发行：化学工业出版社（北京市东城区青年湖南街13号　邮政编码100011）
印　　装：涿州市般润文化传播有限公司
787mm×1092mm　1/16　印张11¼　字数275千字　2024年3月北京第1版第4次印刷

购书咨询：010-64518888　　　　　　　　售后服务：010-64518899
网　　址：http://www.cip.com.cn

凡购买本书，如有缺损质量问题，本社销售中心负责调换。

定　价：29.00元　　　　　　　　　　　　　　　　　　版权所有　违者必究

"汽车零部件识图"课程的主要任务是培养学生具有绘制简单零件图和识读汽车零、部件图的能力,为学习"汽车发动机构造与维修"、"汽车底盘构造与维修"等课程打下基础。

本书坚持立德树人,弘扬爱国主义精神、工匠精神,注重素质培养。全书共九章,主要内容有:识图的基本知识,点、直线和平面的投影,基本几何体,组合体,机件的基本表示方法,标准件与常用件表示法,读零件图,读装配图,钣金图与焊接图。本书的主要特色如下。

1. 执行国家标准。本书全部采用国家技术监督局最新发布的《技术制图》与《机械制图》等国家标准,按照课程内容的需要,将有关标准和表格编排在正文或附录中,使学生养成贯彻国家标准的意识和具备查询国家标准的能力。

2. 遵循以"识图为主"的原则。在编写过程中,以正投影的基本理论为基础,以识读组合体三视图和识读零件图为重点,重视对物体形状的空间构成分析和典型零件图内容的分析比较,注重培养学生识图能力。

3. 彰显专业特色。充分考虑汽车检测与维修等相关专业人才培养目标,本书以原有机械制图为基础,增加了钣金图与焊接图的内容,融入汽车零部件图例进行分析识读,为后续专业课的学习奠定基础。

4. 突出直观性在教学过程中的主体地位。本书采用大量的视图、立体图、实物照片等辅助方法,展示结构特点。从利于教学出发,本书采用黑红套色。

5. 融入信息化教学手段。对于重点难点内容或扩展知识,制作了微课视频,读者可通过扫描本书中的二维码进入微课堂,进行线上线下混合式教学,方便教师授课及学生自主学习。

本书配套视频、微课、课件、习题参考答案等数字资源,视频、微课等通过扫描书中二维码观看学习,教学课件、习题参考答案等可登录化学工业出版社教学资源网 www.cipedu.com.cn 免费下载或到 QQ 群 107141977 索取。

书中标有"※"的任务为选学内容,不作课程要求。

本书由鄂州职业大学李年芬、聊城职业技术学院刘晓军主编,鄂州职业大学张正祥、安徽工商职业学院朱炼、四川化工职业技术学院张良勇副主编,鄂州职业大学程敏参编。在编写过程中得到机械工程学院领导的支持,在此表示衷心感谢!

欢迎选用本书的师生和读者提出宝贵意见,书中疏漏之处,敬请指正!

编 者

第1章 识图的基本知识 …… 1

1.1 国家标准《机械制图》的基本规定 …… 1
    1.1.1 图纸幅面和图框格式（GB/T 14689—2008） …… 1
    1.1.2 比例（GB/T 14690—1993） …… 2
    1.1.3 字体（GB/T 14691—1993） …… 3
    1.1.4 图线（GB/T 17450—1998、GB/T 4457.4—2002） …… 4
    1.1.5 尺寸标注（GB/T 16675.2—1996、GB/T 4458.4—2003） …… 5
*1.2 绘图工具及其使用方法 …… 8
    1.2.1 绘图铅笔 …… 8
    1.2.2 图板、丁字尺和三角板 …… 9
    1.2.3 圆规与分规 …… 9
1.3 正投影法与三视图 …… 9
    1.3.1 中心投影法 …… 10
    1.3.2 平行投影法 …… 10
    1.3.3 正投影法的基本特性 …… 10
    1.3.4 物体的三视图 …… 11

第2章 点、直线和平面的投影 …… 13

2.1 点的投影 …… 13
    2.1.1 点的三面投影形成 …… 13
    2.1.2 点的三面投影与直角坐标的关系 …… 13
    2.1.3 点的三面投影规律 …… 14
2.2 直线的投影 …… 15
    2.2.1 投影面平行线 …… 15
    2.2.2 投影面垂直线 …… 15
    2.2.3 一般位置直线 …… 15

2.3 平面的投影 …… 16
　　2.3.1 投影面平行面 …… 17
　　2.3.2 投影面垂直面 …… 17
　　2.3.3 一般位置平面 …… 18

第3章　基本几何体　　19

3.1 基本体三视图画法 …… 19
　　3.1.1 平面立体的三视图画法 …… 19
　　3.1.2 曲面立体三视图画法 …… 21
3.2 截交线 …… 24
　　3.2.1 圆柱的截交线 …… 24
　　3.2.2 圆锥的截交线 …… 26
　　3.2.3 圆球的截交线 …… 26
3.3 相贯线 …… 27
　　3.3.1 两圆柱正交时相贯线的简化画法 …… 27
　　3.3.2 相贯线的特殊情况 …… 28
3.4 基本体的尺寸标注 …… 29
　　3.4.1 平面立体的尺寸标注 …… 29
　　3.4.2 曲面立体的尺寸标注 …… 29
　　3.4.3 切割体的尺寸标注 …… 29

第4章　组合体　　31

4.1 组合体组合方式及其表面连接关系 …… 31
　　4.1.1 组合体的组合方式 …… 31
　　4.1.2 组合体相邻表面的连接形式 …… 31
4.2 画组合体三视图 …… 32
　　4.2.1 形体分析法 …… 32
　　4.2.2 叠加型组合体三视图的画法 …… 33
　　4.2.3 切割型组合体三视图的画法 …… 35
4.3 组合体三视图的尺寸标注 …… 36
　　4.3.1 尺寸基准 …… 36
　　4.3.2 尺寸种类 …… 36
　　4.3.3 组合体尺寸标注的基本要求 …… 37
4.4 读组合体三视图 …… 41
　　4.4.1 形体分析法读组合体三视图 …… 42

4.4.2 线面分析法读组合体三视图 …………………………………………… 47

第5章 机件的基本表示方法 50

5.1 视图 …………………………………………………………………………… 50
 5.1.1 基本视图 …………………………………………………………………… 50
 5.1.2 向视图 ……………………………………………………………………… 51
 5.1.3 局部视图 …………………………………………………………………… 51
 5.1.4 斜视图 ……………………………………………………………………… 52
5.2 剖视图 ………………………………………………………………………… 54
 5.2.1 剖视图的概念和画法 ……………………………………………………… 54
 5.2.2 剖视图的种类 ……………………………………………………………… 56
 5.2.3 剖切面的种类 ……………………………………………………………… 59
5.3 断面图 ………………………………………………………………………… 62
 5.3.1 移出断面图 ………………………………………………………………… 63
 5.3.2 重合断面图 ………………………………………………………………… 64
5.4 局部放大图及简化画法 ……………………………………………………… 65
 5.4.1 局部放大图 ………………………………………………………………… 65
 5.4.2 简化画法 …………………………………………………………………… 66

第6章 标准件与常用件表示法 70

6.1 螺纹及螺纹紧固件 …………………………………………………………… 70
 6.1.1 螺纹 ………………………………………………………………………… 70
 6.1.2 螺纹紧固件 ………………………………………………………………… 76
6.2 键连接及销连接 ……………………………………………………………… 80
 6.2.1 键及其标注 ………………………………………………………………… 80
 6.2.2 键连接 ……………………………………………………………………… 81
 6.2.3 销连接 ……………………………………………………………………… 82
 6.2.4 花键表示法 ………………………………………………………………… 82
6.3 齿轮 …………………………………………………………………………… 84
 6.3.1 直齿圆柱齿轮 ……………………………………………………………… 84
 6.3.2 直齿圆锥齿轮 ……………………………………………………………… 88
 6.3.3 蜗轮与蜗杆 ………………………………………………………………… 90
6.4 滚动轴承 ……………………………………………………………………… 91
 6.4.1 滚动轴承的结构和类型 …………………………………………………… 91
 6.4.2 滚动轴承的画法 …………………………………………………………… 92

6.4.3　滚动轴承的代号 …………………………………………………… 92
6.5　弹簧 …………………………………………………………………………… 93
　　6.5.1　圆柱螺旋压缩弹簧各部分名称及尺寸计算 ……………………… 93
　　6.5.2　圆柱螺旋压缩弹簧的画法 ………………………………………… 94

第7章　读零件图　96

7.1　零件图的作用和内容 ………………………………………………………… 96
　　7.1.1　零件图的作用 ………………………………………………………… 96
　　7.1.2　零件图的内容 ………………………………………………………… 96
7.2　零件的视图表达方案 ………………………………………………………… 97
　　7.2.1　零件的视图选择原则 ………………………………………………… 97
　　7.2.2　典型零件表达方案分析 ……………………………………………… 98
7.3　零件图的尺寸标注 …………………………………………………………… 105
　　7.3.1　零件图的尺寸基准 …………………………………………………… 105
　　7.3.2　合理标注零件图的尺寸 ……………………………………………… 106
　　7.3.3　零件上常见结构的尺寸注法 ………………………………………… 106
7.4　零件上常见的工艺结构 ……………………………………………………… 108
　　7.4.1　机械加工工艺结构 …………………………………………………… 108
　　7.4.2　铸造工艺结构 ………………………………………………………… 110
7.5　零件图中的技术要求 ………………………………………………………… 111
　　7.5.1　表面结构的图样表示法 ……………………………………………… 111
　　7.5.2　极限与配合 …………………………………………………………… 114
　　7.5.3　几何公差 ……………………………………………………………… 120
7.6　读汽车零件图 ………………………………………………………………… 121
　　7.6.1　读零件图的方法与步骤 ……………………………………………… 121
　　7.6.2　汽车零件图识读案例 ………………………………………………… 122

第8章　读装配图　129

8.1　装配图的作用与内容 ………………………………………………………… 129
　　8.1.1　装配图的作用 ………………………………………………………… 129
　　8.1.2　装配图的内容 ………………………………………………………… 130
8.2　装配图的表达方法 …………………………………………………………… 131
　　8.2.1　装配图的规定画法 …………………………………………………… 131
　　8.2.2　装配图的特殊画法 …………………………………………………… 131
　　8.2.3　装配图常见工艺结构 ………………………………………………… 133

8.3 装配图的尺寸标注、零件编号及明细栏 …………………………………… 136
　　8.3.1 装配图的尺寸类型 ……………………………………………………… 136
　　8.3.2 装配图的零件编号及明细栏 …………………………………………… 136
　　8.3.3 装配图的技术要求 ……………………………………………………… 138
8.4 读汽车装配图 ………………………………………………………………… 138
　　8.4.1 读装配图的方法与步骤 ………………………………………………… 138
　　8.4.2 汽车装配图识读案例 …………………………………………………… 139

第9章　钣金图与焊接图　142

9.1 根据投影求线段实长 ………………………………………………………… 142
　　9.1.1 直角三角形法求线段的实长 …………………………………………… 142
　　9.1.2 投影变换法求线段实长 ………………………………………………… 144
9.2 立体表面的展开 ……………………………………………………………… 146
　　9.2.1 平面立体的表面展开 …………………………………………………… 146
　　9.2.2 曲面立体的表面展开 …………………………………………………… 147
9.3 金属薄板制件的咬缝 ………………………………………………………… 152
　　9.3.1 咬缝 ……………………………………………………………………… 152
　　9.3.2 咬缝种类 ………………………………………………………………… 152
9.4 焊接图 ………………………………………………………………………… 153
　　9.4.1 焊接接头的形式 ………………………………………………………… 153
　　9.4.2 焊缝图示法 ……………………………………………………………… 154
　　9.4.3 焊缝符号的标注 ………………………………………………………… 156
　　9.4.4 焊接结构件案例 ………………………………………………………… 158

附　录　159

参考文献　172

第1章 识图的基本知识

1.1 国家标准《机械制图》的基本规定

图样是现代工业生产中最基本的文件。国家标准《技术制图》和《机械制图》是工程界重要的技术基础标准,是绘制和阅读工程图样的依据。中国国家标准(简称国标)的代号是"GB"。例如 GB/T 14689—2008,其中 GB/T 表示推荐性国标,14689 为发布顺序号,2008 是发布年号。

1.1.1 图纸幅面和图框格式(GB/T 14689—2008)

1. 图纸幅面尺寸

表 1-1 列出了标准中规定的各种图纸的幅面尺寸,绘图时应优先采用,必要时允许加长幅面,但加长量必须符合 GB/T 14689—2008 规定。

图纸幅面

表 1-1 图纸幅面

幅面代号	A0	A1	A2	A3	A4
$B\times L$	841×1189	594×841	420×594	297×420	210×297
a	25				
c	10			5	
e	20		10		

注:a、c、e 如图 1-1 所示。

2. 图框格式

图纸上均需用粗实线画出图框,其格式分为留装订边和不留装订边两种,如图 1-1(a)、(b)所示。同一产品图纸只能采用一种格式,装订时通常采用 A3 横装或 A4 竖装。

3. 标题栏及其方位

国家标准(GB/T 10609.1—2008)对标题栏的内容、格式及尺寸作了统一规定,本书建议作业中采用图 1-2 所示的格式。通常标题栏位于图框的右下角,如图 1-1 所示。

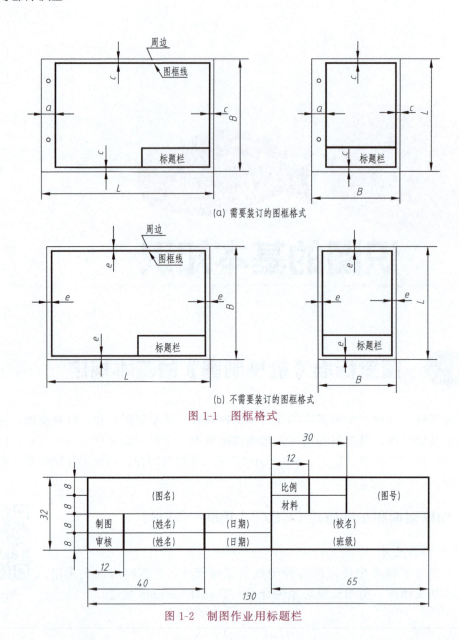

图1-1 图框格式

图1-2 制图作业用标题栏

1.1.2 比例（GB/T 14690—1993）

比例是指图样中图形与其实物相应要素的线性尺寸之比。绘制图样时一般从表1-2中选取合适比例。

表1-2 比例

种类	系 列	
	第一系列	第二系列
原值比例	1∶1	
放大比例	2∶1　5∶1　1×10^n∶1 2×10^n∶1　5×10^n∶1	2.5∶1　4∶1 2.5×10^n∶1　4×10^n∶1
缩小比例	1∶2　1∶5　1∶1×10^n 1∶2×10^n　1∶5×10^n　1∶6×10^n	1∶1.5　1∶2.5　1∶3　1∶4　1∶6　1∶1.5×10^n 1∶2.5×10^n　1∶3×10^n　1∶4×10^n

注：n为正整数。

绘制同一机件的各个视图应采用同一比例,并在标题栏内的比例项内填写,当某个视图需要采用不同比例时,必须另行标注。

1.1.3 字体(GB/T 14691—1993)

图样中除了用图形表达机件的结构形状外,还需要用文字、数字、字母说明机件的名称、大小、材料和技术要求等。国家标准《技术制图字体》GB/T 14691—1993中,规定了汉字、字母和数字的结构形式。图1-3和图1-4所示的是图样上常见字体的书写示例。为了使字体美观、易写、整齐,要求在图样中书写的汉字、数字、字母必须做到"字体工整、笔画清楚、间隔均匀、排列整齐"。

10号字

字体工整笔画清楚间隔均匀排列整齐

7号字

横平竖直注意起落结构均匀填满方格

5号字

技术制图机械电子汽车航空船舶土木建筑矿山井坑港口纺织服装

3.5号字

螺纹齿轮端子接线飞行指导驾驶舱位挖填施工引水通风闸阀坝棉麻化纤

图1-3 长仿宋体汉字体例

图1-4 字母、数字书写示例

字体高度(用 h 表示)的公称尺寸系列为:1.8、2.5、3.5、5、7、10、14、20(单位mm)。字体的号数即字体的高度(单位:mm)。

汉字应写成长仿宋体字,并应采用国家正式公布的简化汉字。汉字的高度 h 不应小于 3.5mm,字宽一般为 $h/\sqrt{2}$。

写长仿宋字的要领是:横平竖直、注意起落、结构匀称、填满方格。

字母和数字可写成斜体或直体。斜体字字头向右倾斜,与水平基准线成 75°。但字母、数字与汉字同句出现时用直体。

1.1.4 图线(GB/T 17450—1998、GB/T 4457.4—2002)

国标规定了适用于各种技术图样的图线的名称、形式、结构、标记及其画法规则。表 1-3 摘录了各种图线的名称、线型、线宽和主要用途。

表 1-3 图线型式及应用

图线名称	图线型式	图线宽度	一般应用举例
粗实线	 ———————	d	可见轮廓线 可见棱边线 螺纹牙顶线 相贯线
细实线	 ———————	$0.5d$	尺寸线和尺寸界线 指引线和基准线 剖面线及重合剖面的轮廓线 过渡线
细虚线	 - - - - 1 4~6 - - -	$0.5d$	不可见轮廓线 不可见棱边线
细点画线	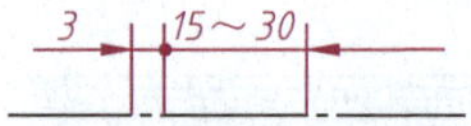 — · — 3 15~30 — · —	$0.5d$	轴线 对称中心线 轨迹线
粗点画线	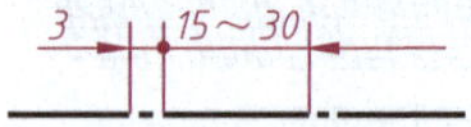 — · — 3 15~30 — · —	d	限定范围表示线
细双点画线	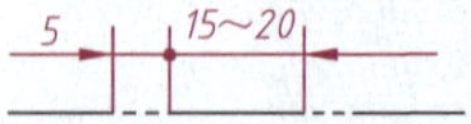 — ·· — 5 15~20 — ·· —	$0.5d$	相邻辅助零件的轮廓线 极限位置的轮廓线
波浪线	 ～～～～	$0.5d$	断裂处的边界线 视图与剖视的分界线
双折线	 ——/\——	$0.5d$	断裂处的边界线 视图与剖视的分界线
粗虚线	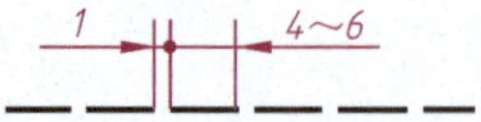 ▬ ▬ 1 4~6 ▬ ▬	d	允许表面处理的表示线

按 GB/T 4457.4—2002 规定,在机械图样中采用粗细两种线宽,它们之间的比例为 2∶1,粗实线的宽度为 d,d 应在 0.25、0.35、0.5、0.7、1、1.4、2(mm)中根据图样的类型、尺寸、比例和缩微复印的要求确定,优先采用 $d=0.5$ 或 0.7。在同一图样中,同类图线宽度应一致。

图 1-5 是常用图线的用途示例。

绘图时图线画法的注意事项,如图 1-6 所示。

(1)图样中,同类图线的宽度应基本一致。虚线、点画线及双点画线的短画、长画的长度和间隔应各自大小相等。

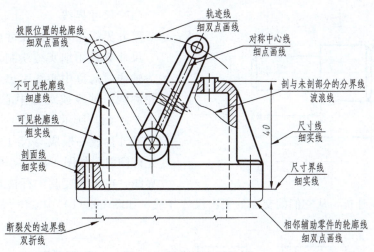

图1-5　图线的应用示例

(2) 绘制圆的对称中心线（简称中心线）时，圆心应为长画的交点。点画线、双点画线的首末两端应是长画而不是点。

(3) 在较小的圆形上绘制点画线、双点画线有困难时，可用细实线代替。

(4) 轴线、对称线、中心线、双折线和作为中断线的双点画线，应超出轮廓线 2～5mm。

(5) 点画线、虚线和图线相交时，都应在长画、短画处相交，不应在间隔或点处相交。

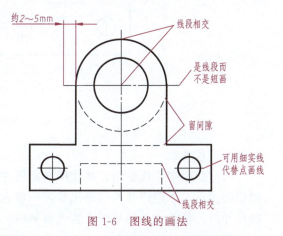

图1-6　图线的画法

(6) 当虚线处于粗实线的延长线上时，粗实线应画到分界点，而虚线应留有间隔；当虚线圆弧和虚线直线相切时，虚线圆弧的短画应画到切点，而虚线直线需留有间隔。此外还应注意：两条平行线之间的距离不应小于粗实线宽度的两倍。

1.1.5　尺寸标注（GB/T 16675.2—1996、GB/T 4458.4—2003）

机器零件的形状可用图形来描述，但其大小必须依靠图样上标注的尺寸来确定，因此，尺寸标注是绘制机械图样的一项重要内容。

1. 基本规则

(1) 机件的真实大小应以图样上所注的尺寸数值为依据，与图形的大小及绘图的准确度无关。

(2) 图样中的尺寸以 mm 为单位时，不需注明。如采用其他单位，则必须注明单位符号。

(3) 图样中标注的尺寸，为该图样所示机件的最后完工尺寸，否则应另加说明。

(4) 机件的每一尺寸，一般仅标注一次，并应标注在反映结构最清晰的图形上。

2. 标注尺寸的要素

一个完整的尺寸应由尺寸界线、尺寸线、尺寸箭头和尺寸数字四个要素组成，如图1-7所示。

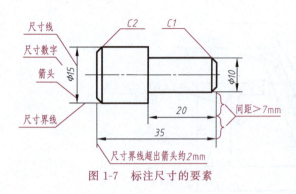

图 1-7　标注尺寸的要素

(1) 尺寸界线

尺寸界线用来限定尺寸度量的范围。

尺寸界线用细实线绘制，由图形的轮廓线、轴线或对称中心线引出，也可利用图形的轮廓线、轴线或对称中心线作尺寸界线，如图 1-8（a）所示。

尺寸界线一般应与尺寸线垂直，必要时才允许倾斜，如图 1-8（b）中 $\phi70$ 尺寸的尺寸界线。在光滑过渡中标注尺寸时，必须用细实线将轮廓线延长，从它们的交点处引出尺寸界线。如图 1-8（b）中 $\phi45$ 尺寸的尺寸界线。

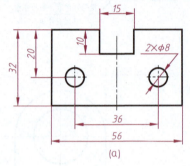
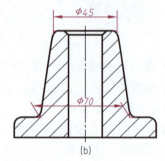

图 1-8　尺寸界线和尺寸线的画法

(2) 尺寸线

尺寸线用细实线绘制，尺寸线表示所注尺寸的度量方向，如图 1-8（a）所示。尺寸线必须单独画出，不能用其他图线代替，一般也不得与其他图线重合或画在其延长线上。标注线性尺寸时，尺寸线必须与所注的线段平行。

圆和圆弧的尺寸线标注示例如图 1-9 所示。圆和圆弧的直径或半径的尺寸线终端应画成箭头，圆或大于半圆的圆弧标注直径，圆弧的尺寸线过圆心，半圆或小于半圆的圆弧标注半径，如图 1-9（a）所示；当圆弧的半径过大或在图纸内无法标注出其圆心位置（或不需要标注出其圆心位置）时，可按图 1-9（b）所示的方法标注；当对称机件的图形只画出一半时，尺寸线应略超过对称中心线，此时，仅在尺寸线的一端画出箭头，如图 1-9（c）所示。

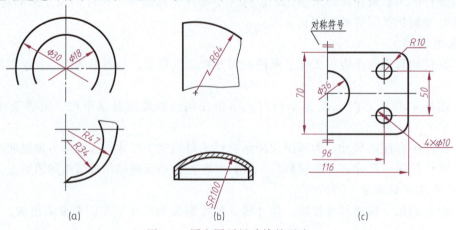

图 1-9　圆和圆弧尺寸线的画法

(3) 尺寸数字

尺寸数字用来表示所注尺寸的数值，是图样中指令性最强的部分，要求注写尺寸时一定要认真仔细、字迹清楚，应避免可能造成误解的一切因素。

水平线性尺寸的数字一般应注写在尺寸线的上方，数字由左向右书写，字头朝上；竖直线性尺寸的数字应注写在尺寸线左侧，由下向上书写，字头朝左，如图1-10所示。

倾斜方向的尺寸一般应注写在尺寸线靠上的一方。应尽量避免在铅垂方向30°内标注尺寸，当无法避免时，可引出注写，如图1-11所示。

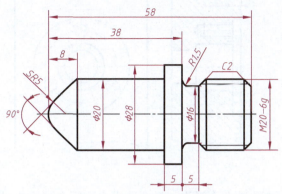

图1-10　尺寸数字的注写位置和注写方向

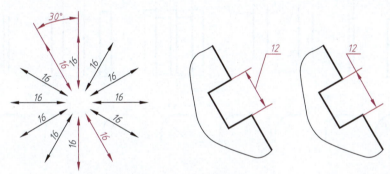

图1-11　30°内尺寸数字的注写

同一张图样中标注形式要统一，在不致引起误解时，对于非水平方向的尺寸，其数字可水平地注写在尺寸线的中断处，如图1-12所示。

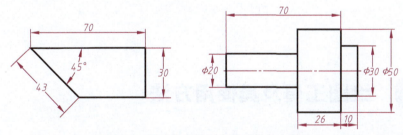

图1-12　尺寸数字注写在尺寸线的中断处

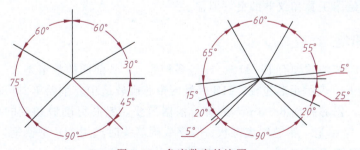

图1-13　角度数字的注写

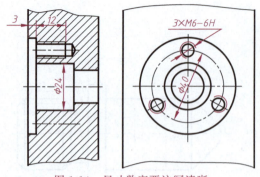

图1-14 尺寸数字要注写清晰

角度的数字一律写成水平方向，即数字铅直向上，一般注写在尺寸线的中断处，必要时，也可注写在尺寸线附近或注写在引出线的上方，如图1-13所示。

尺寸数字要符合书写规定，且要书写准确、清楚，要特别注意，任何图线都不得穿过尺寸数字，当不可避免时，应将图线断开，以保证尺寸数字的清晰，如图1-14所示。

如图1-15所示，没有足够位置画箭头或注写尺寸数字时，箭头可画在外面，或用小圆点代替两个箭头；尺寸数字也可写在外面或引出标注。

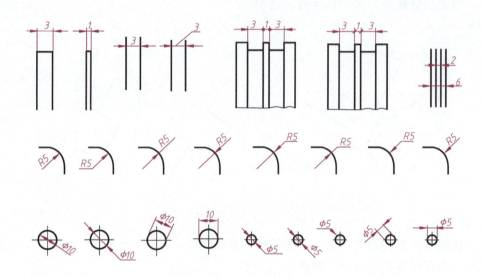

图1-15 小尺寸标注示例

*1.2 绘图工具及其使用方法

正确使用绘图工具和仪器，是保证绘图质量和加快绘图速度的一个重要方面，因此，必须养成正确使用绘图工具和仪器的良好习惯。

1.2.1 绘图铅笔

绘图铅笔依笔芯的软硬有B、HB、H等多种标号。B前面的数字越大，表示铅芯越软。H前面的数字越大，表示铅芯越硬，HB标号的铅芯硬软适中。削铅笔时应从无标号的一端削起以保留标号，铅芯露出6～8mm为宜。根据需要，铅芯可削成相应的形状。打底稿或画细线时选用H型铅笔，铅芯削成锥状；写字或画箭头时选用HB型铅笔，铅芯削成锥状；画粗线时选用HB或B型铅笔，铅芯削成四棱柱状；如图1-16所示。

第1章 识图的基本知识

1.2.2 图板、丁字尺和三角板

图板是铺贴图纸用的,其上表面应平滑光洁。图板的左侧边为丁字尺的导边,应该平直光滑。图纸用胶带纸固定在图板上,当图纸较小时,应将图纸铺贴在图板靠近左上方的位置,如图1-17所示。

图板与丁字尺

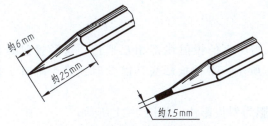

图1-16 铅笔芯的长度与形状

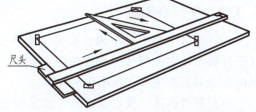

图1-17 图板、丁字尺和三角板使用方法

丁字尺由尺头和尺身两部分组成,主要用来画水平线。使用时,左手握住尺头,使尺头内侧边紧靠图板导边,上下移动到绘图所需位置,由左至右画水平线,如图1-17所示。

三角板与丁字尺配合使用,可画垂直线以及与水平方向成30°、45°、60°、15°、75°的倾斜线。

图板丁字尺三角板

1.2.3 圆规与分规

圆规用来画圆和圆弧。画图时应尽量使钢针和铅芯都垂直于纸面,钢针的台阶与铅芯尖应平齐,使用方法如图1-18所示。

分规用来截取线段、等分线段或圆弧(常用于试分法)以及量取尺寸。分规的两个针尖并拢时应对齐,如图1-19所示。

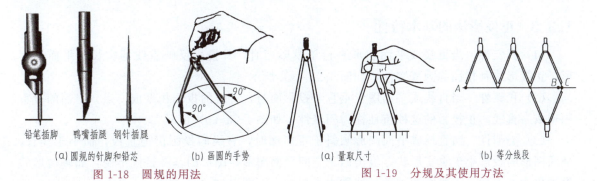

图1-18 圆规的用法　　　　　　　图1-19 分规及其使用方法

1.3 正投影法与三视图

所谓投影,就是一组投射线通过物体射向预定平面上得到图形的方法。预定平面P称为投影面,在P面上所得到的图形称为投影,如图1-20所示。

由投射中心、投射线和投影面三要素所决定的投影法可分为中心投影法和平行投影法。

1.3.1 中心投影法

如图 1-20 所示,这种投射线汇交于一点(S 为做投影中心)的投影法叫做中心投影法。由图可知,空间四边形 ABCD 比其投影 abcd 四边形小。所以,中心投影法所得投影不能反映物体的真实形状和大小,因此在机械图样中很少使用。

1.3.2 平行投影法

若将投影中心 S 移到离投影面无穷远处,则所有的投射线都相互平行,这种投射线相互平行的投影方法叫做平行投影法,如图 1-21 所示。平行投影法又以投射线是否垂直于投影面分为斜投影法和正投影法两种。

(1) 斜投影法 投射线倾斜于投影面的投影为斜投影法,如图 1-21 所示。
(2) 正投影法 投射线垂直于投影面的投影为正投影法,如图 1-22 所示。

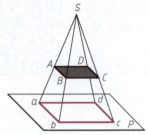

图 1-20 中心投影法

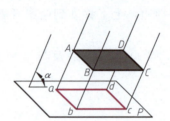

图 1-21 斜投影法

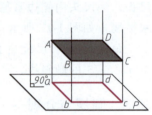

图 1-22 正投影法

由于正投影法的投射线相互平行且垂直于投影面,正投影在投影图上容易如实表达空间物体的形状和大小,作图比较方便,因此绘制机械图样主要采用正投影法,并将正投影简称为投影。

1.3.3 正投影法的基本特性

(1) 真实性 当直线或平面图形平行于投影面时,其投影反映直线的实长或平面的实形,正投影这种特性称为真实性,如图 1-23(a)所示。

(2) 积聚性 当直线或平面图形垂直于投影面时,直线的投影积聚成一点,平面的投影积聚成一直线,正投影的这种特性称为积聚性,如图 1-23(b)所示。

(3) 类似性 当直线或平面图形倾斜于投影面时,直线的投影仍为直线,但小于实长,平面图形的投影小于真实形状,但类似于空间平面图形,图形的基本特性不变,如多边形的投影仍为多边形,正投影的这种特性称为类似性,如图 1-23(c)所示。

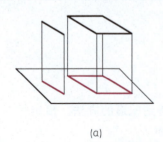

(a)

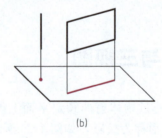

(b)

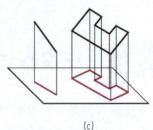

(c)

图 1-23 正投影法的基本特性

1.3.4 物体的三视图

1. 三投影面体系

如图 1-24 所示,三投影面体系由三个相互垂直的投影面组成。其中 V 面称为正立投影面,简称正面;H 面称为水平投影面,简称水平面;W 面称为侧立投影面,简称侧面。在三投影面体系中,两投影面的交线称为投影轴,V 面与 H 面的交线为 OX 轴,H 面与 W 面的交线为 OY 轴,V 面与 W 面的交线称 OZ 轴。三根投影轴的交点为原点,记为 O。

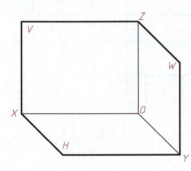

图 1-24　三投影面体系

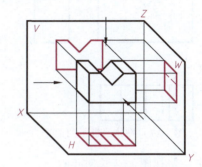

图 1-25　三视图的形成过程

2. 三视图的形成

如图 1-25 所示,将物体放在三投影面体系内,分别向三个投影面投射。为了使所得的三个投影处于同一平面上,保持 V 面不动,将 H 面绕 OX 轴向下旋转 90°,W 面绕 OZ 轴向右旋转 90°,与 V 面处于同一平面上,如图 1-26(a)所示。这样用正投影法得到的三个投影图称为物体的三视图,如图 1-26(b)所示。

主视图——物体在正立投影面上的投影,也就是由前向后投射所得的视图。

俯视图——物体在水平投影面上的投影,也就是由上向下投射所得的视图。

左视图——物体在侧立投影面上的投影,也就是由左向右投射所得的视图。

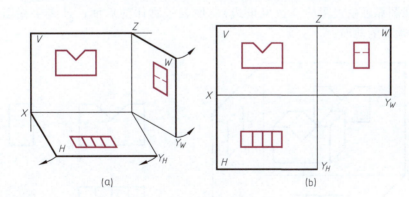

图 1-26　三视图的形成

在画三视图时,投影面的边框及投影轴不必画出,三个视图的相对位置不能变动,即俯视图在主视图的正下边,左视图在主视图的正右边,三个视图的配置如图 1-27 所示,不必标注三个视图的名称。

3. 三视图之间的对应关系

物体的长、宽、高在三视图上的对应关系从三视图的形成过程中可以看出:

主视图反映物体的长度（X）和高度（Z）；
俯视图反映物体的长度（X）和宽度（Y）；
左视图反映物体的高度（Z）和宽度（Y）。
由此可归纳出三视图间的"三等"关系，如图1-28所示：

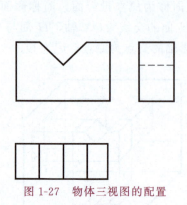

图1-27 物体三视图的配置

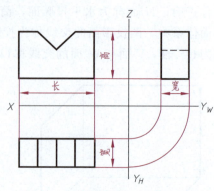

图1-28 三视图间的"三等"关系

主、俯视图——长对正；
主、左视图——高平齐；
俯、左视图——宽相等。

应当指出，无论是整个物体或物体的局部，其三面投影都必须符合"长对正，高平齐，宽相等"的"三等"规律。

4．三视图之间的方位关系

如图1-29所示，物体在三投影面体系内的位置确定后，它的前后、左右和上下的位置关系也就在三视图上明确地反映出来。

主视图反映物体的上、下和左、右；俯视图反映物体的左、右和前、后；左视图反映物体的上、下和前、后。

俯、左视图靠近主视图的一边（里边），均表示物体的后面；远离主视图的一边（外边），均表示物体的前面。

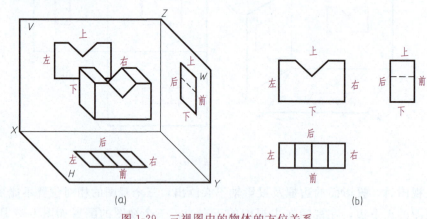

(a)　　　　　　　　　　　(b)

图1-29 三视图中的物体的方位关系

第2章 点、直线和平面的投影

2.1 点的投影

2.1.1 点的三面投影形成

如图 2-1（a）所示，三投影面体系有一点 S，将 S 点分别向 H、V、W 投影面投射，即得到点的三面投影。其中 V 面上的投影称为正面投影，记为 s'；H 面上的投影称为水平投影，记为 s；W 面上的投影称为侧面投影，记为 s''。

移去空间点 S，保持 V 面不动，将 H 面绕 OX 轴向下旋转 $90°$，W 面绕 OZ 轴向右旋转 $90°$，使它们与 V 面平齐，得到 S 点的三面投影如图 2-1（b）所示。图中 OY 轴被假想分为两根，随 H 面旋转的记为 OY_H 轴，随 W 面旋转的记为 OY_W 轴。投影图中不必画出投影面的边界，如图 2-1（c）所示。

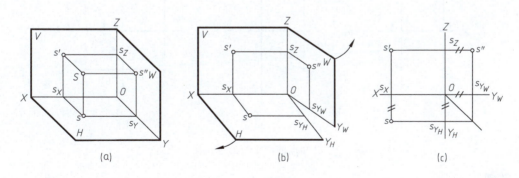

图 2-1 点的三面投影规律

2.1.2 点的三面投影与直角坐标的关系

如图 2-1 所示，点 S 的三面投影与坐标间的关系如下：

(1) 空间点的任一投影，均反映了该点的某两个坐标值，即 $s(X_S, Y_S)$，$s'(X_S, Z_S)$，$s''(Y_S, Z_S)$。

(2) 空间点的每一个坐标值，反映了该点到某投影面的距离，即：

$X_S = ss_{Y_H} = s's_Z = S$ 到 W 面的距离；

$Y_S = ss_X = s''s_Z = S$ 到 V 面的距离；

$Z_S = s's_X = s''s_{Y_W} = S$ 到 H 面的距离。

(3) 空间点 S 的任意两个投影反映了点的三个坐标值。有了点 S 的一组坐标 (X_S, Y_S, Z_S)，就能确定该点的三面投影（s、s'、s''）。

2.1.3 点的三面投影规律

如图 2-1（a）所示，投射线 Ss 和 Ss' 构成的平面 Sss_Xs' 垂直于 H 面和 V 面，则必垂直于 OX 轴，因而 $ss_X \perp OX$，$s's_X \perp OX$。当 s 随 H 面绕 OX 轴旋转与 V 面平齐后，s、s_X、s' 三点共线，且 $s's \perp OX$ 轴，如图 2-1（c）所示。同理可得，点 S 的正面投影与侧面投影的连线于 OZ 轴，即 $s's'' \perp OZ$。

空间点 S 的水平投影到 OX 轴的距离和侧面投影到 OZ 轴的距离均反映该点的 Y 坐标，故 $ss_X = s''s_Z = Y_S$。

综上所述，点的三面投影规律为：

(1) 点的正面投影与水平投影的连线垂直于 OX 轴，即 $s's \perp OX$；

(2) 点的正面投影与侧面投影的连线垂直于 OZ 轴，即 $s's'' \perp OZ$；

(3) 点的水平投影与侧面投影具有相同的 Y 坐标，即 $ss_X = s''s_Z = Y_S$。

由上可知，已知点的两个投影即可求出其第三投影。

【例 2-1】 已知点 A 的 V 面投影 a' 与 H 面投影 a，求作 a''，如图 2-2（a）所示。

分析 根据点的投影规律可知，$a'a'' \perp OZ$，过 a' 作 OZ 轴的垂线 $a'a_Z$，所求 a'' 必在 $a'a_Z$ 的延长线上。由 $a''a_Z = aa_X$，可确定 a'' 的位置。

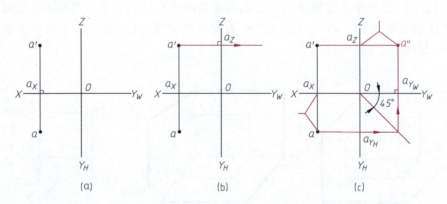

图 2-2 已知点的两个投影求出第三投影

作图

(1) 过 a' 作 $a'a_Z \perp OZ$，并延长，如图 2-2（b）所示。

(2) 过 a 作 $aa_{Y_H} \perp OY_H$，并延长与 45°斜线相交，过交点向上作 OY_W 轴垂线与过 a' 向右所作 OZ 轴垂线相交，交点即为 a''。或者直接量取 $a''a_Z = aa_X$，求得 a''。如图 2-2（c）所示。

2.2 直线的投影

根据在投影面体系中对三个投影面所处的位置不同,可将直线分为三种:投影面平行线、投影面垂直线、一般位置直线。其中,前两种又称为特殊位置直线。

2.2.1 投影面平行线

投影面平行线是指平行于一个投影面而对另外两个投影面倾斜的直线。它有三种形式:水平线(∥H面)、正平线(∥V面)、侧平线(∥W面)。它们的投影特性如表 2-1 所示。

表 2-1 投影面平行线

正平线	水平线	侧平线
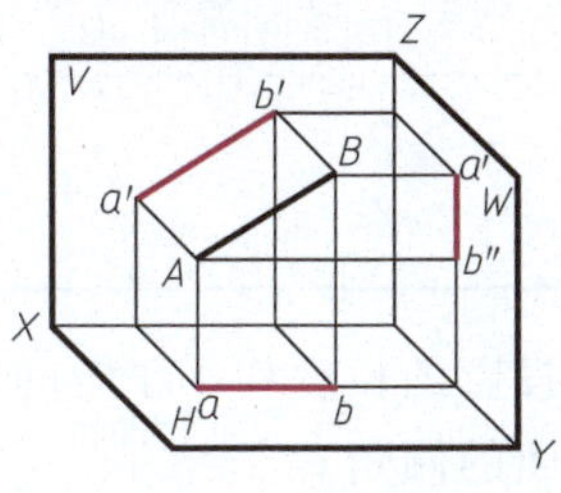	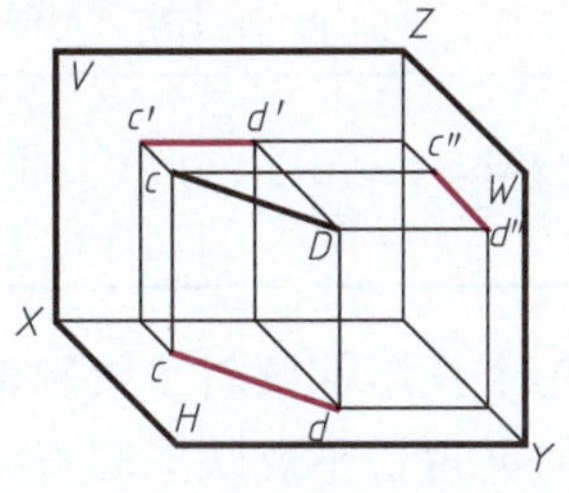	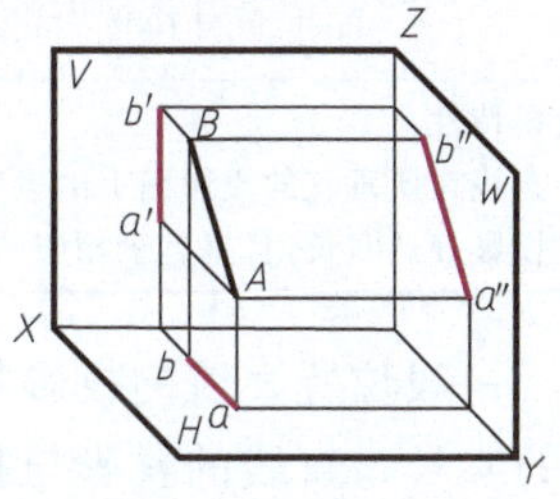
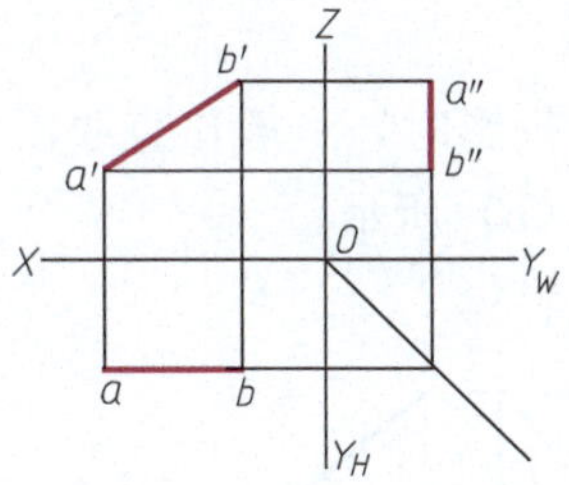	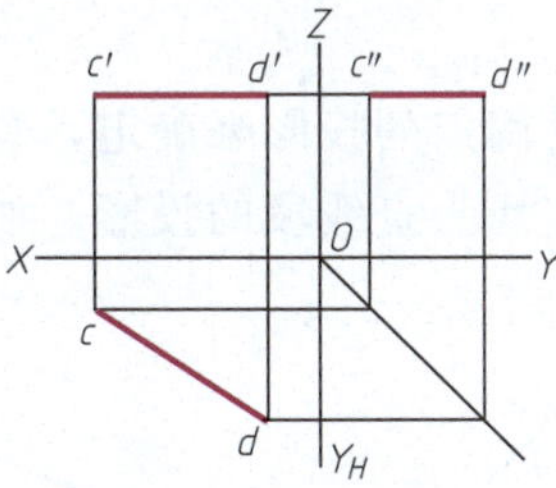	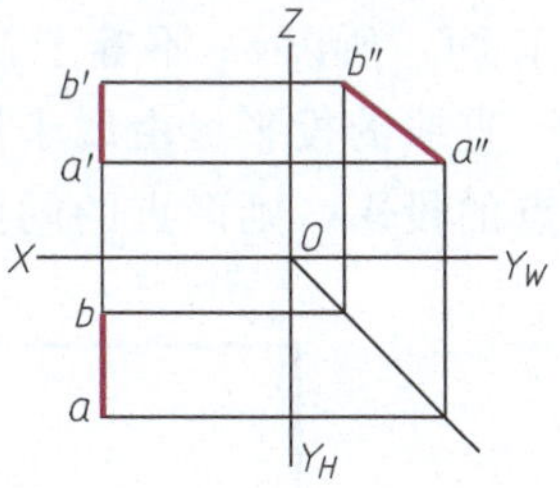

投影特性:
直线在所平行的投影面上的投影表达实长;
直线的投影平行于相应的投影轴;
表达实长的投影与投影轴所夹的角度等于空间直线对相应投影面的倾角。

2.2.2 投影面垂直线

投影面垂直线是指垂直于一个投影面又与另两个投影面平行的直线。它有三种形式:铅垂线(⊥H面)、正垂线(⊥V面)、侧垂线(⊥W面),它们的投影特性如表 2-2 所示。

2.2.3 一般位置直线

如图 2-3 所示,与三个投影面都倾斜的直线称为一般位置直线,直线与它们的投影面所成的锐角叫做直线对投影面的倾角。一般规定以 $α$、$β$、$γ$ 分别表示直线对 H、V、W 面的倾角。一般位置直线的投影特性如下:

表 2-2 投影面垂直线

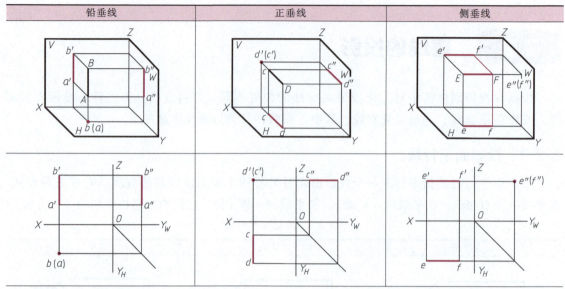

投影特性：
直线在所垂直的投影面上的投影成一点，有积聚性；
投影表达实长，且垂直于相应的投影轴。

一般位置直线的投影特性：三个投影都倾斜于投影轴，三个投影的长度均小于空间直线段的实长，直线的投影与投影轴的夹角，不反映空间直线对投影面的倾角。

如图 2-3（a）所示，$a'b'$ 与 OX 轴的夹角 α_1 是倾角 α 在 V 面上的投影，由于 α 不平行于 V 面，所以 α_1 不等于 α。

直线的投影可由属于该直线的两点的投影来确定，画直线的投影时，一般作直线段上两端点的投影，则两点的同面投影连线为直线段的投影，如图 2-3（b）所示。

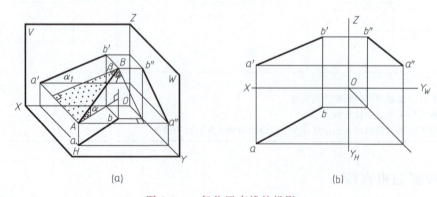

图 2-3 一般位置直线的投影

2.3 平面的投影

根据在投影面体系中对三个投影面所处的位置不同，可将平面分为三种：投影面平行面、投影面垂直面、一般位置平面。其中，前两种又称为特殊位置平面。

2.3.1 投影面平行面

投影面平行面是指平行于一个投影面而与另外两个投影面垂直的平面。它有三种形式：水平面（//H面）、正平面（//V面）、侧平面（//W面）。它们的投影特性如表2-3所示。

表2-3 投影面平行面

水平面	正平面	侧平面

投影特性：
  平面在所平行的投影面上的投影表达实形；
  其余投影均为直线，有积聚性，且平行于相应的投影轴。

2.3.2 投影面垂直面

投影面垂直面是指垂直于一个投影面而对另外两个投影面倾斜的平面。按与其垂直的投影面的不同可分为：铅垂面（⊥H）、正垂面（⊥V）、侧垂面（⊥W）三种形式，它们的投影特性如表2-4所示。

表2-4 投影面垂直面

铅垂面	正垂面	侧垂面

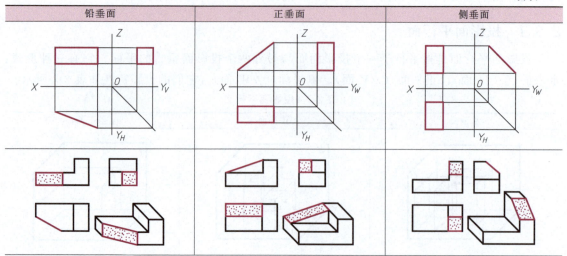

投影特性:

在所垂直的投影面上的投影,为倾斜于相应投影轴的直线,有积聚性,它和相应投影轴的夹角,即平面对相应投影面的倾角。

平面多边形的其余投影均为类似形。

2.3.3 一般位置平面

对三个投影面都倾斜的平面,称为一般位置平面。如图 2-4 所示,三棱锥的棱面△SAB 对三个投影面都是倾斜的,所以各面投影仍是三角形,且都不反映实形,但具有类似性。

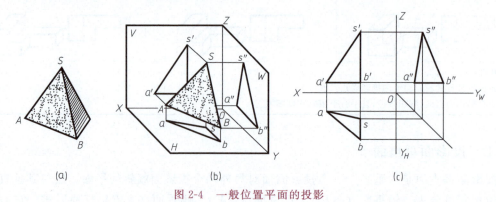

图 2-4 一般位置平面的投影

第3章 基本几何体

3.1 基本体三视图画法

基本几何体简称基本体,各种各样的机器零件,不管结构、形状多么复杂,一般都可以看作是由一些基本几何体按一定方式组合而成。

基本几何体根据表面的性质,通常分为两类(如图3-1所示)。表面为若干个平面组成的几何体称为平面立体,如棱柱、棱锥等。表面为曲面或曲面与平面组成的几何体称为曲面立体,如圆柱、圆锥、圆球等。要绘制机器零件的视图,必须研究基本体的形成、形状特点,掌握其三视图的画法。

(a) 正五棱柱体　　(b) 正四棱锥体　　(c) 圆柱体　　(d) 圆锥体　　(e) 圆球体

图 3-1　基本体

3.1.1 平面立体的三视图画法

平面立体的各表面都是平面,平面与平面的交线称为棱线,棱线与棱线的交点称为顶点。按棱线之间的相互位置,常见平面立体可分为棱柱体和棱锥体(简称棱柱和棱锥)两种。

1. 棱柱的三视图画法

常见棱柱有三棱柱、四棱柱、五棱柱和六棱柱等。图3-2所示为正六棱柱的投影。

作图步骤

(1) 作六棱柱的对称中心线和底面基线,确定各视图的位置,如图3-3(a)所示,先画出具有投影特征的视图——俯视图的正六边形,如图3-3(b)所示。

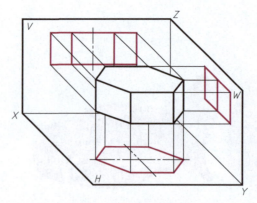

正六边形的作图

图3-2 正六棱柱的投影

(2) 按长对正的投影关系并量取六棱柱的高度画出主视图,按高平齐、宽相等的投影关系画出左视图,如图3-3(c)所示。

图形特征

由图3-2得知,棱柱投影图形的共同特征是:一个投影面的图形是反映实形的多边形,另外两个投影面上的图形为若干个矩形。

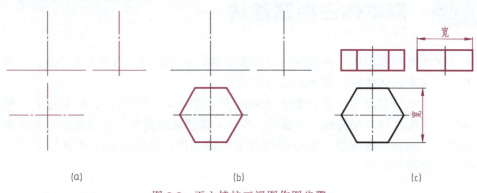

图3-3 正六棱柱三视图作图步骤

2. 棱锥的三视图画法

常见的棱锥有三棱锥、四棱锥、五棱锥等。图3-4所示为正四棱锥的投影。

投影分析

如图3-4所示,正四棱锥的底面平行于水平面,其水平投影反映实形。左、右两个棱面垂直于正面,它们的正面投影积聚成直线。前、后两个棱面垂直于侧面,它们的侧面投影积聚成直线,与锥顶相交的四条棱线既不平行、也不垂直任何一个投影面,所以它们在三个投影面上的投影都不反映实长。

作图步骤

如图3-5所示:

(1) 作正四棱锥的对称中心线和底面基线,如图3-5(a)所示,先画出底面俯视图的正方形实形,如图3-5(b)所示。

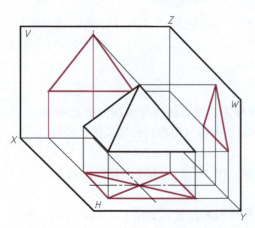

图3-4 四棱锥的投影

（2）由四棱锥的高度定出锥顶 S 的投影位置，然后在主、俯视图上分别用直线连接锥顶与底面四个顶点的投影，即得四条棱线的投影。四条棱线的水平投影为正方形的两条对角线。再由主、俯视图作出左视图，如图 3-5（c）所示。

图形特征

由图 3-5 得知棱锥投影图形的共同特征是：三个投影面的投影图形均为若干个三角形。

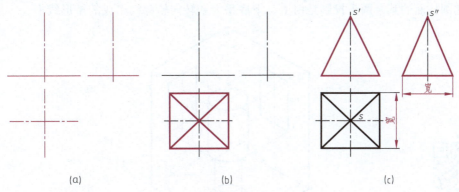

图 3-5　四棱锥三视图的作图步骤

【例 3-1】　已知物体的主、俯视图，补画左视图，如图 3-6（a）所示。

分析　从已知物体的主、俯视图（参照立体图）可以想象出，该物体由两部分组成：下部为四棱柱；上部为被正垂面左、右各切去一个斜面的三棱柱。三棱柱的棱线垂直于侧面，它的底面与四棱柱的顶面重合。

作图步骤

（1）如图 3-6（b）所示，先补画出下部四棱柱的左视图。

（2）作三棱柱上面中间棱线的侧面投影，由于该棱线垂直于侧面，其侧面投影积聚为一点（在图形中间），过该点与矩形两端点连线，即完成左视图，如图 3-6（c）所示。应该注意：左视图上的三角形为三棱柱左、右两个斜面（垂直于正面）在侧面上的投影；两条斜线为三棱柱前、后两个斜面（垂直于侧面）的积聚性投影。

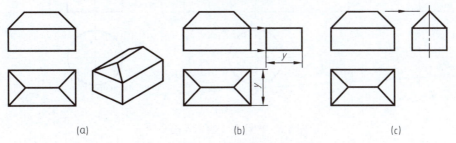

图 3-6　已知主、俯视图补画左视图

3.1.2　曲面立体三视图画法

1. 圆柱的三视图画法

如图 3-7 所示，圆柱表面是由圆柱面和上、下底平面所组成的。圆柱面可看成是由直线绕与它平行的轴线旋转一周而成。圆柱面上任何一条平行于轴线的直线，称为圆柱面的素线。

投影分析

如图 3-7 所示，将圆柱放在三投影面体系中，使其轴线垂直于水平投影面，此时上、下底平面为水平面，它的水平投影为反映实形的圆，正面投影和侧面投影均积聚为直线；圆柱面上所有素线皆为铅垂线，因此圆柱面的水平投影积聚为一圆，且与上、下底平面的投影重合，另外由于圆柱面光滑，不像平面立体的棱面那样有明显的棱线，须用圆柱面转向轮廓线的投影来表示圆柱面的轮廓，转向轮廓线也是圆柱面上特殊位置的素线，即最前、最后、最左、最右素线。因此圆柱面的其余两个投影是由上、下底平面和转向轮廓线组成的矩形线框。

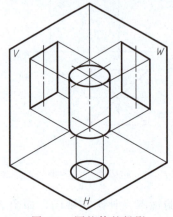

圆柱体的
三视图

图 3-7　圆柱体的投影

作图步骤

如图 3-8 所示，首先画出中心线，以确定回转轴的位置；其次画出投影为圆的那个视图；最后根据投影圆确定的轮廓线位置和圆柱的高度画出其余两个视图。

图形特征

由圆柱的投影可知其图形特征是：一个投影为圆，其他两个投影为相等的矩形。

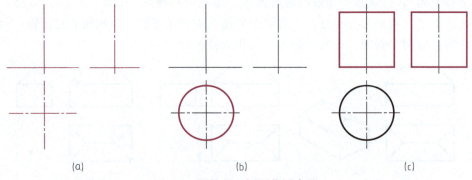

(a)　　　　　　　　　(b)　　　　　　　　　(c)

图 3-8　圆柱的三视图作图步骤

2. 圆锥的三视图画法

如图 3-9 所示，圆锥由圆锥面和底平面组成。

圆锥面可以看成是直线 SA 绕与其相交的轴线 SO 旋转一周而成。直线 SA 称为母线，圆锥面上通过锥顶 S 的任一直线称为圆锥面的素线。素线上任意一点绕 SO 轴旋转一周形成的圆称为纬圆。

投影分析

如图 3-9 所示，将圆锥放在三投影面体系中，使其轴线垂直于水平投影面，这时底平面为水平面，它的水平投影为圆，正面投影和侧面投影均积聚为直线；圆锥面的水平投影为圆，与底平面的水平投影重合，同圆柱面一样，必须用转向轮廓线的投影来表示圆锥面的轮廓，因此，圆锥面的其余二投影均为底平面和轮廓线组成的相同的等腰三角形。

作图步骤

首先画出中心线，以确定回转轴的位置；其次画出投影为圆的那个视图；最后根据投影圆确定的轮廓线位置和圆锥的高度画出其余两个视图，如图 3-10 所示。

图形特征

由圆锥的投影图可知，其图形特征是：一个投影为圆，其他两个投影为两个相等的等腰三角形。

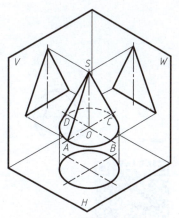

图 3-9　圆锥体的投影

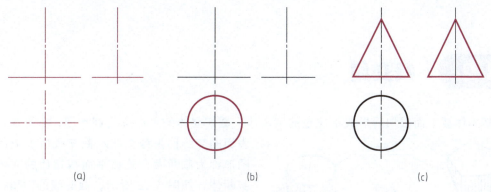

图 3-10　圆锥体的三视图作图步骤

3. 圆球的三视图画法

如图 3-11（a）、（b）所示，圆球是由圆球面所组成的。球面可以看成是由一个半圆绕其自身直径旋转而成。

从球面的形成可知，必须用转向轮廓线（最大圆）的投影来表示圆球的轮廓。

从图 3-11（a）、（b）可看出，球面上最大圆 A 将圆球分成前、后两个半球，由于主视方向前半球可见、后半球不可见，正面投影为圆 a'，形成了主视图的轮廓线，而其水平投影和侧面投影都与相应的中心线重合，不必画出；最大圆 B 将圆球分成上、下两个半球，俯视方向上半球可见、下半球不可见，俯视图中只需画出最大圆 B 的水平投影圆 b；最大圆 C 将圆球分成左、右两个半球，左视方向左半球可见、右半球不可见，左视图中只需画出最大圆 C 的侧面投影圆 C''；最大圆 B、C 的其余二投影与相应的中心线重合，均不应画出，因此圆球的三个视图均为大小相等的圆，其直径和球的直径相同，这三个圆是球在三个方向的最大圆的投影，表示球在三个投影方向的轮廓，如图 3-11（b）、（c）所示。

作图步骤

首先画出中心线，以确定球心的位置（即各视图中的圆心），然后以相同的半径画出各投影圆。

图形特征

圆球投影图的特征是：三个投影面的投影都是直径相等的圆。

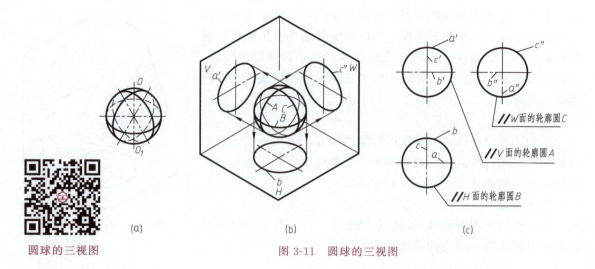

(a) 圆球的三视图

图 3-11 圆球的三视图

3.2 截交线

基本体被平面截切后形成不完整的基本体。截切立体的平面称为截平面；截平面与立体表面的交线称为截交线；截交线所围成的平面图形称为截断面；被截平面截切后的立体称为截断体，如图 3-12 所示。截交线的性质：

（1）共有性。截交线是截平面和立体表面的共有线。

（2）封闭性。截交线是闭合的平面图形。

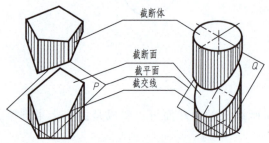

图 3-12 截交线的形成

3.2.1 圆柱的截交线

平面与圆柱相交时，根据截平面相对圆柱轴线的位置不同，其截交线有三种：圆、椭圆和矩形，如表 3-1 所示。

当圆柱的截交线为矩形和圆时，其投影可用平面投影的积聚性求得，作图十分简便。当圆柱的截交线为椭圆时，则需利用表面取点求椭圆的投影。

表 3-1 截平面相对圆柱轴线的位置不同所得的截交线

截交线的形状	矩形	圆	椭圆
轴测图			

续表

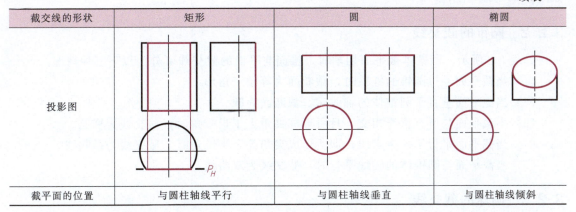

【例 3-2】 如图 3-13 所示，已知圆柱体被正垂面 P 切割，试作圆柱体被切割后的三视图。

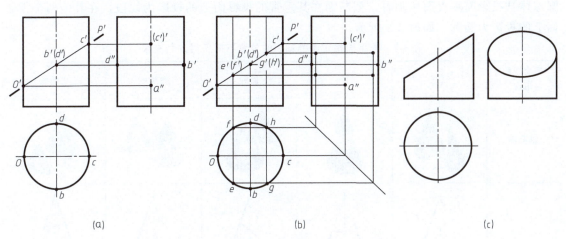

图 3-13 正垂面 P 切割圆柱体的投影作图

分析

由图 3-13（a）看出截平面与圆柱轴线倾斜，可知截交线为一椭圆，该椭圆的正面投影积聚为与 X 轴倾斜的斜线，水平投影积聚为圆，所以仅需要求出其侧面投影。

作图

（1）求作截交线上特殊位置点的投影。

截交线的特殊位置点，是侧面投影上的最高、最低点，最前、最后点，是椭圆长、短轴上的四个端点，也是圆柱表面最前、最后、最左、最右四条素线上的点，如图 3-13（a）所示。这四点的正面投影为 a'、b'、c'、d'，水平投影为 a、b、c、d，根据投影对应关系求得其侧面投影为 a''、b''、c''、d''。

（2）求作截交线上一般位置点的投影。

为作图简便过圆周取对称点 e、f、g、h，按投影对应关系求出正面和侧面投影，如图 3-13（b）所示。一般位置点应该选择多少个，要根据作图需要来确定。

（3）连线。

依次光滑地连接各点，即得所求截交线的投影。擦去多余的图线，完成截断体的投影，如图 3-13（c）所示。

3.2.2 圆锥的截交线

如表 3-2 所示，圆锥体被平面切割时，锥面与平面的截交线可分为以下五种情况：
(1) 当截平面经过圆锥的锥顶时，截断面为等腰三角形。
(2) 当截平面垂直于圆锥体的轴线时，截断面为圆。
(3) 当截平面与所有素线相交，且所形成夹角大于半锥角时，截交线为椭圆。
(4) 当截平面平行于一条素线，即所形成夹角等于半锥角时，截交线为抛物线。
(5) 当截平面与圆锥体的轴线平行时，截交线为双曲线。

3.2.3 圆球的截交线

圆球体被平面切割，不论平面处于什么位置，空间交线总为圆。当圆球体被投影面平行面切割时，截断面在其平行的投影面上的投影为圆，在其他两个投影面上的投影为直线。当圆球体被投影面垂直面切割时，截断面在其垂直的投影面上的投影为线段，在其他两个投影面上的投影为椭圆，如表 3-3 所示。

表 3-2 截平面相对圆锥轴线的位置不同所得的截交线

截交线的形状	直线	圆	椭圆	抛物线	双曲线
轴测图		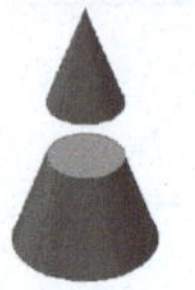		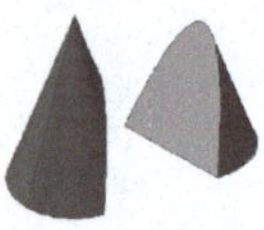	
投影图	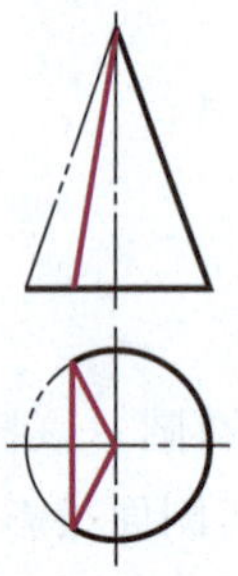	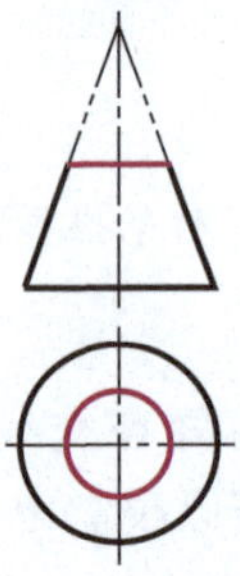	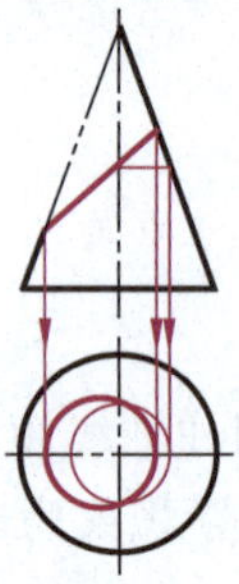	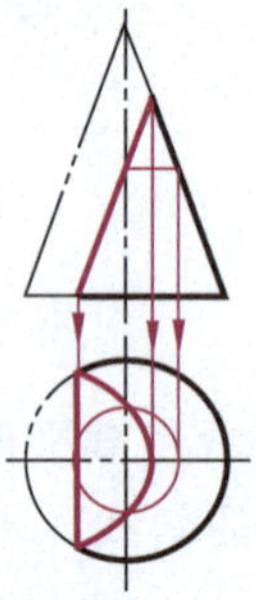	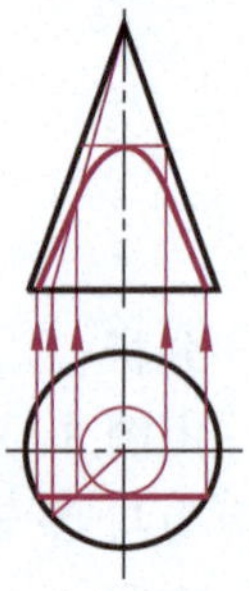
截平面的位置	过锥顶	垂直于轴线	倾斜于轴线 ($\alpha > \beta$)	倾斜于轴线 ($\alpha = \beta$)	平行于轴线

表 3-3 截平面相对圆球轴线的位置不同所得的截交线

截平面为水平面	截平面为正平面	截平面为侧平面	截平面为正垂面
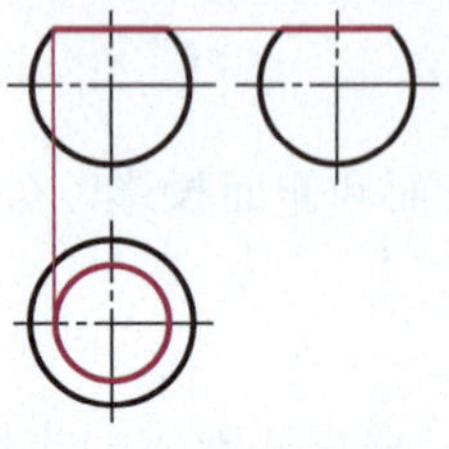	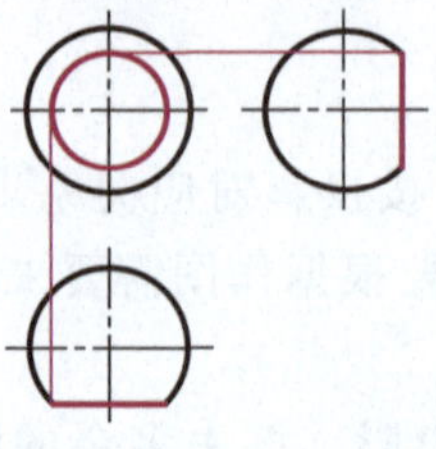	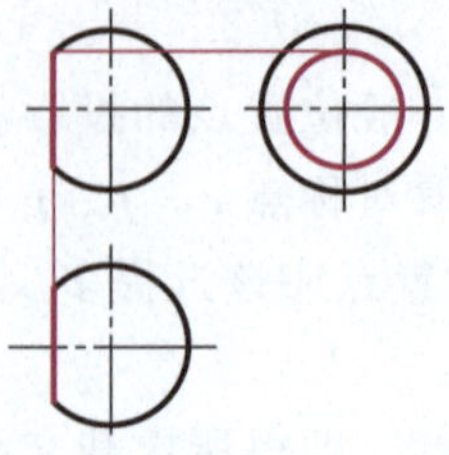	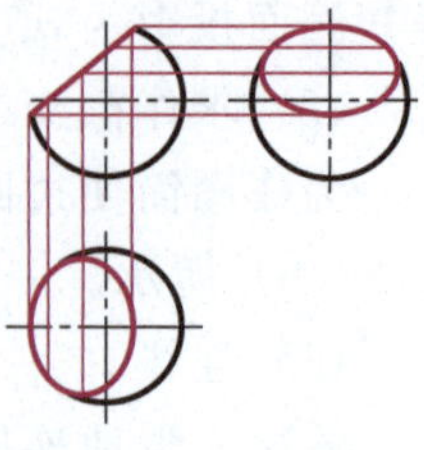

3.3 相贯线

很多机器零件是由两个或两个以上的基本体相交而成,在它们表面相交处会产生交线,如图 3-14 两立体表面相交时形成的交线,称为相贯线。相贯线具有下列性质:

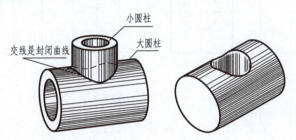

图 3-14　两曲面立体相交

相贯线的性质

（1）共有性。相贯线是两个曲面立体表面的公共线,也是两个立体表面的分界线,相贯线上的点是两个立体表面的公共点。

（2）封闭性。一般情况下,相贯线是封闭的空间曲线,特殊情况下也可以是平面曲线或直线。

3.3.1　两圆柱正交时相贯线的简化画法

轴线正交的两圆柱有三种形式,如图 3-15 所示,这些圆柱相贯线的作图方法可用简化画法绘制。

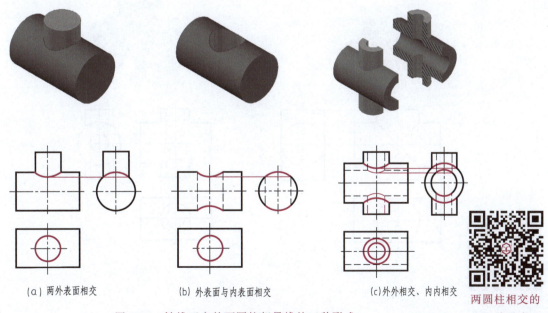

(a) 两外表面相交　　(b) 外表面与内表面相交　　(c) 外外相交、内内相交

图 3-15　轴线正交的两圆柱相贯线的三种形式

两圆柱相交的三种形式

两圆柱正交时，为了简化作图，可以采用简化画法绘制相贯线，即用圆弧代替非圆曲线。如图 3-16 所示，在画出两圆柱的三视图之后，主视图上的相贯线，用过 a'、b' 和 d'(c') 三点的圆弧代替相贯线。圆弧 $a'b'c'$ 的半径等于大圆柱的半径 R，圆心在小圆柱的轴线上。

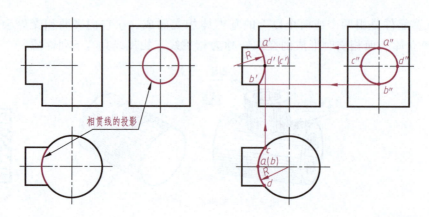

图 3-16　相贯线的简化画法

3.3.2　相贯线的特殊情况

一般情况下相贯线是一条封闭的空间曲线，但有时它可能变化为一条平面曲线。如图 3-17（a）所示，相贯两圆柱的直径相等且轴线垂直相交，它们的相贯线是平面曲线椭圆。当它们的轴线平行于某投影面时，相贯线在该投影面上的投影积聚成一条直线，如图 3-17（b）所示。

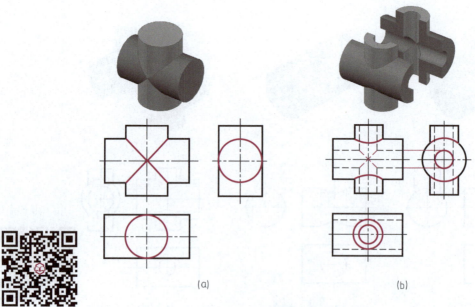

图 3-17　两等径圆柱正交

3.4 基本体的尺寸标注

3.4.1 平面立体的尺寸标注

平面立体应标注长、宽、高三个方向的尺寸。图 3-18 给出了棱柱、棱锥、棱台的尺寸注法。

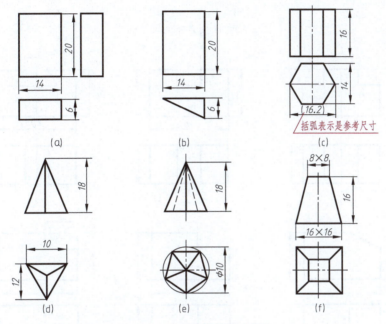

图 3-18 平面立体的尺寸标注

棱柱、棱锥应注出确定底平面形状大小的尺寸和高度尺寸，棱台应注出上下底平面的形状大小和高度尺寸。注正方形底面的尺寸时，可在正方形边长尺寸数字前加注符号"□"，也可以注成 16×16 的形式。

如图 3-18（e）所示，对正棱柱和正棱锥的尺寸标注，考虑作图和加工方便，一般应注出其底面的外接圆直径和高度尺寸，也可以注成其他形式。

3.4.2 曲面立体的尺寸标注

如图 3-19 所示，圆柱和圆锥应注出底圆直径和高度尺寸，圆台还要注出顶圆直径尺寸，直径尺寸最好注在非圆视图上。在直径尺寸数字前要加注"ϕ"，圆球体标注直径或半径尺寸时，在"ϕ"、"R"前加注"S"。

3.4.3 切割体的尺寸标注

基本形体被切割后的尺寸标注，除了要标注基本体的尺寸外，还应标注截切平面的定位尺寸和开槽或穿孔的定形尺寸，而不标注截交线的尺寸。

图 3-20 为平面立体被切割后的尺寸标注，曲面立体被切割后的尺寸标注如图 3-21 所示。

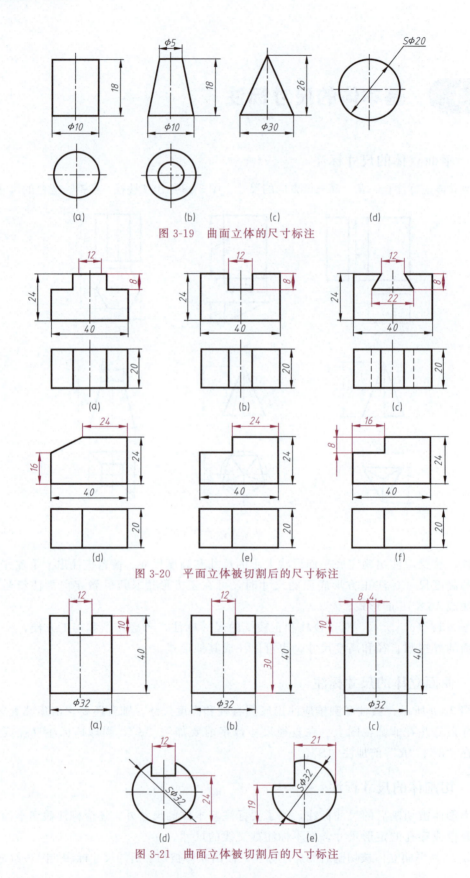

图 3-19 曲面立体的尺寸标注

图 3-20 平面立体被切割后的尺寸标注

图 3-21 曲面立体被切割后的尺寸标注

第4章 组 合 体

由两个或两个以上的基本体组合而成的立体称为组合体。任何复杂的形体，都可以看成是由一些基本体按照一定的连接方式组合成的。

4.1 组合体组合方式及其表面连接关系

4.1.1 组合体的组合方式

组合体的组成方式有切割和叠加两种形式。叠加型组合体是由若干基本体叠加而成，如图 4-1（a）所示的螺栓（毛坯）是由六棱柱、圆柱叠加而成。切割型组合体则可看成由基本体经过切割或穿孔后形成的，如图 4-1（b）所示的压块（模型）是由四棱柱经过多次切割再穿孔以后形成的。常见的组合体则是这两种方式的综合，如图 4-1（c）所示。

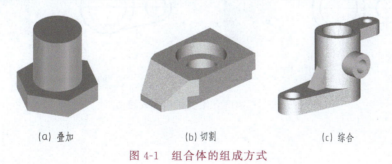

(a) 叠加　　　　　　(b) 切割　　　　　　(c) 综合

图 4-1　组合体的组成方式

4.1.2 组合体相邻表面的连接形式

组合体的各基本形体表面之间有平齐、不平齐、相切、相交 4 种连接形。

1. 平齐与不平齐

两平行面有平齐和不平齐之分。当相邻两基本体的表面平齐时，两表面为共面，因而视图上两基本体表面之间无分界线，如图 4-2（a）所示。

当相邻两基本体的表面不平齐时，两表面为不共面，因而视图上要画出两表面之间的分界线，如图 4-2（b）所示。

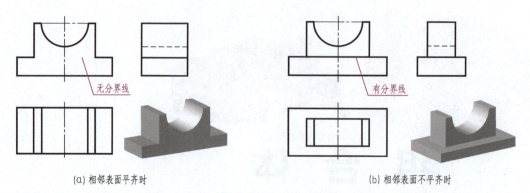

(a) 相邻表面平齐时　　　　　　　　　　(b) 相邻表面不平齐时

图 4-2　两立体表面平齐或不平齐

2. 相交

两个基本体表面相交所产生的交线（截交线或相贯线），应在视图中画出其投影，如图 4-3（a）所示。

3. 相切

相切是指两个基本体的相邻表面（平面与曲面或曲面与曲面）光滑过渡，相切处不存在轮廓线，在视图上不画出分界线，如图 4-3（b）所示。

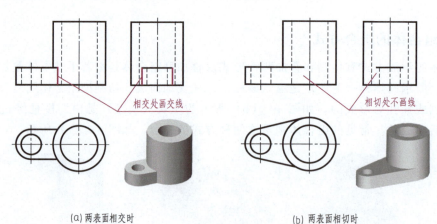

(a) 两表面相交时　　　　　　　　　　(b) 两表面相切时

图 4-3　两立体表面相交或相切

4.2　画组合体三视图

4.2.1　形体分析法

在读、画组合体的三视图及标注尺寸的过程中，通常假想把组合体分解为若干个简单形体，并分析清楚它们的形状、组合形式、相对位置以及其表面连接的方式，这种把复杂形体分解成若干简单形体的分析方法称为形体分析法。形体分析法是读、画组合体视图以及标注尺寸的基本思维方法。

4.2.2 叠加型组合体三视图的画法

形体分析法主要用于组合方式以叠加为主的组合体。图 4-4（a）所示轴承座，可假想分解成四个部分：底板、支承板、圆筒和肋板，如图 4-4（b）所示。通过分析圆筒、底板、支承板、肋板之间的组合形式，才能绘制轴承座的三视图。

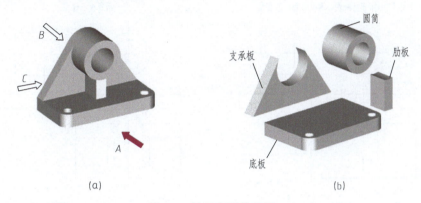

图 4-4　轴承座形体分析

（1）进行形体分析

对于图 4-4（a）所示轴承座，可假想分解成四个部分：底板、支承板、圆筒和肋板，如图 4-4（b）所示。底板、支承板、肋板之间的连接形式可以看成是叠加的组合形式，支承板与圆筒表面相切，圆筒与肋板表面相交，底板、支承板和圆筒的后端面共面。

（2）选择主视图

主视图选择是否恰当，直接影响组合体视图表达的清晰性。一般要选择反映组合体各组成部分结构形状和相对位置较为明显的方向，作为主视图的投射方向，并应使形体上的主要面与投影面平行，还要考虑其他视图的表达要清晰。同时还应注意：①组合体应摆正放平，即保持组合体自然稳定的位置；②尽量减少各个视图中的虚线。

如图 4-4（a）所示，沿 A 向观察所得轴承座视图满足上述要求，可以作为主视图。主视图方向确定后，其他视图的方向随之确定。

（3）画组合体三视图的方法和步骤，如图 4-5 所示。

① 确定比例、图纸幅面。

根据组合体的复杂程度和尺寸大小，应选择国家标准规定的图幅和比例。在选择时，应充分考虑到视图、尺寸、标题栏的大小和位置等。

② 布置视图，画基准线。

根据组合体的总体尺寸通过简单计算将各视图均匀地布置在图框内。画图时应首先画出各视图的基准线来布图。基准线是画图和测量尺寸的起点，每一个视图需要确定两个方向的基准线。基准线用细点画线或细实线画出，常用的基准线一般为底面、对称面、重要端面、重要轴线等，如图 4-5（a）所示。

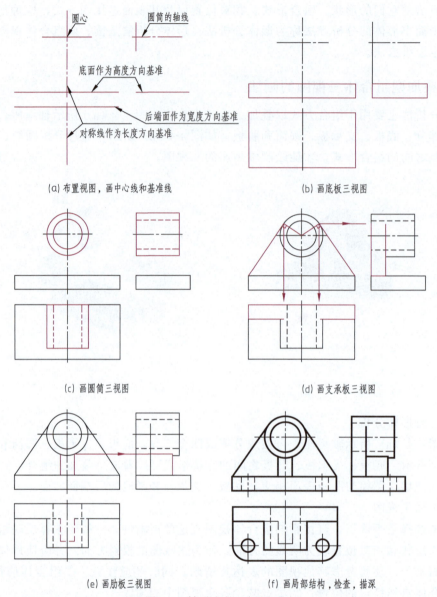

图 4-5　轴承座的三视图画法

③ 画底稿。

根据各基本形体的相对位置逐个画出每一个形体的投影。画图顺序是先画主要结构与大形体；再画次要结构与小形体；先实体，后虚体（挖去的形体），如图 4-5（b）、(c)、(d)、(e) 所示。画各个形体的视图时，应从反映该形体的形状特征的那个视图画起，如图 4-5（c）中的圆筒，通常先画其主视图，再画其他视图。

④ 检查，描深。

检查底稿，改正错误，然后再描深，如图 4-5（f）所示。

画图时应注意以下几个问题：

① 应利用投影关系，按投影规律逐个绘制每一个基本体的三视图。不应单独地画完组合体的一个视图后再画其他的视图。

② 截交线的投影要先画有积聚性的投影，再根据投影关系画出截交线的其他投影，如图 4-5（e）所示。

③ 相贯线的投影通常在最后画出。

④ 正确处理相邻两基本体表面的连接关系。

4.2.3　切割型组合体三视图的画法

切割型组合体一般是由一基本体经过一系列切割后形成的。其画法与叠加组合体有所不同。首先仍用形体分析法分析该组合体在没有切割前完整的形体，再用线面分析法作图。

所谓线面分析法，就是根据表面的投影特性来分析组合体表面的性质、形状和相对位置进行画图、读图和标注尺寸的方法。下面以图 4-6（a）所示组合体为例说明画切割型组合体三视图的一般方法及步骤，如图 4-7 所示。

该切割型组合体是由长方体经三次切割后形成的，如图 4-6（b）所示。

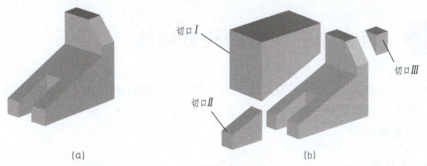

图 4-6　切割型组合体

用线面分析法画图时应注意以下几点：

（1）作每个切口的投影时，应先从反映形体特征轮廓，且具有积聚投影的视图开始，再按投影关系画出其他视图。如图 4-7（a）所示，作切口Ⅰ时，先画切口的主视图，再画俯、左视图中的图线；作切口Ⅱ时，先画方槽的俯视图，再画主、左视图中的图线，如图 4-7（b）所示；作切口Ⅲ时，先画切角的左视图，再画主、俯视图中的图线，如图 4-7（c）所示。

（2）注意切口截面投影的类似性。例如图 4-7（b）中，方槽与斜面 P 相交而形成的截面形的水平投影 p 与侧面投影 p″应为类似形。

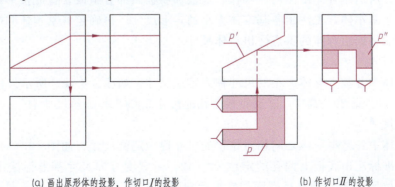

(a) 画出原形体的投影，作切口Ⅰ的投影　　　(b) 作切口Ⅱ的投影

图 4-7

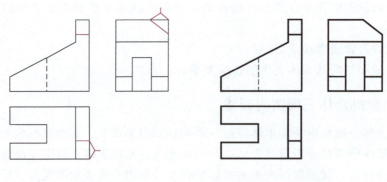

(c) 作切口Ⅲ的投影　　　　　　　　　　(d) 检查,描深

图 4-7　切割型组合体的画法

4.3　组合体三视图的尺寸标注

组合体的三视图表达了机件的形状,而机件的大小则要由视图上所标注的尺寸来确定。标注尺寸是表达形体的重要手段,掌握好组合体尺寸标注方法,可为今后在零件图上标注尺寸打下良好的基础。

4.3.1　尺寸基准

标注尺寸前应该先确定尺寸基准。所谓尺寸基准,就是标注尺寸的起点。由于组合体都有长、宽、高三个方向的尺寸,因此,在每个方向上都至少要有一个尺寸基准。

选择组合体的尺寸基准,必须要体现组合体的结构特点,并在标注尺寸后使其度量方便。因此,组合体上能作为尺寸基准的几何要素有:中心对称面、底平面、重要的大端面以及回转体的轴线。本着这一要求,图 4-8(a)所示的组合体各方向的尺寸基准选择如图 4-8(b)所示。

4.3.2　尺寸种类

图 4-8(a)所示组合体由圆筒、底板、竖板和肋板四部分组成,首先按形体分析法将组合体分解为若干基本体,先注出各基本体大小的定形尺寸,再确定各基本体间的相对位置的定位尺寸,最后根据组合体的特点注出总体尺寸。

(1) 定形尺寸

确定组合体中各基本形体大小的尺寸称为定形尺寸,如图 4-8(c)所示。例如底板的定形尺寸包括长 54、宽 29、高 7,以及底板上孔的尺寸 $2×\phi 7$ 和圆角尺寸 $R6$。

(2) 定位尺寸

确定组合体中各基本形体之间相对位置的尺寸称为定位尺寸,如图 4-8(d)所示。由长度方向尺寸基准标注出底板上两孔的定位尺寸 42;由宽度方向尺寸基准标注出底板上圆孔与后端面的定位尺寸 23,圆筒后端面与底板后端面的定位尺寸 4;由高度方向尺寸基准标注出竖板上圆孔与底板底面的定位尺寸 26。

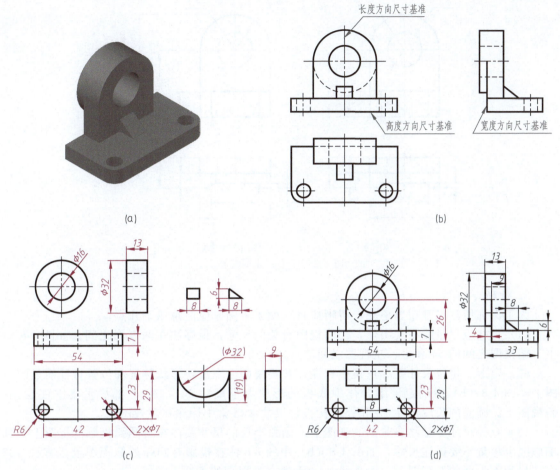

图 4-8　组合体的尺寸标注

（3）总体尺寸

确定组合体在长、宽、高三个方向的总长、总宽和总高尺寸称为总体尺寸，如图 4-8（d）所示。组合体的总长即底板的长 54，总宽尺寸为 33。当组合体一端为同轴圆孔的回转体时，通常仅标注孔的定位尺寸和外端圆柱面的半径或直径，不标注总体尺寸，图 4-8（d）中未标注总体高度尺寸。

4.3.3　组合体尺寸标注的基本要求

1. 正确

尺寸标注包括尺寸数字的书写，尺寸线、尺寸界线以及箭头的画法，应满足国家标准《机械制图》中的尺寸注法的规定，才能保证尺寸标注正确。

2. 完整

所谓完整，就是尺寸齐全，不允许遗漏尺寸和重复标注尺寸，如果遗漏尺寸，将使机件无法加工；重复标注同一个尺寸时，若尺寸互相矛盾，同样使零件无法加工，若尺寸互相不矛盾，也将使尺寸标注混乱，检验标准不统一，不利于看图，所以，不允许遗漏尺寸和重复标注尺寸。对于能通过已注尺寸计算出的尺寸，为多余尺寸，不允许标注，但若必须标注时，将尺寸数字放在括号内供参考，如图 4-9 所示。

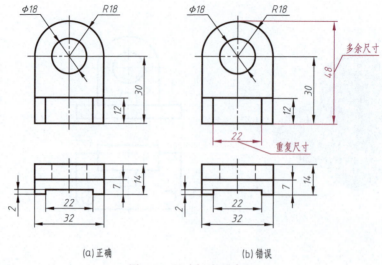

(a)正确　　　　　　　　　(b)错误

图 4-9　尺寸标注要完整

3. 清晰

为了保证所注尺寸布置整齐、清晰醒目、便于看图，应注意以下几点：

(1) 尺寸应尽量注在视图外，与两视图有关的尺寸，最好注在两视图之间，如图 4-8 中主、俯视图之间的 54 和主、左视图之间的 $\phi32$、26 等。

(2) 定形、定位尺寸要尽量集中标注，并要集中注在反映形状特征和位置特征明显的视图上。图 4-8 (b) 中确定该组合体中底板的形状大小尺寸 54、29、7 都尽量集中注在主、俯视图上。圆筒的长度尺寸 13 和外圆柱直径尺寸 $\phi32$ 集中标注在左视图上。

(3) 直径尺寸尽量注在非圆的视图上，圆弧半径的尺寸要注在有圆弧投影的视图上，且细虚线上尽量不要标注尺寸。如图 4-8 (b) 中的 R6 注在投影有圆弧的俯视图上，直径 $\phi32$ 注在投影不为圆的左视图上，而直径 $\phi16$ 不注在左视图的虚线上。

(4) 应避免尺寸线和尺寸界线相互交叉，应按"小尺寸在内，大尺寸在外"的原则布置尺寸，如图 4-10 所示。

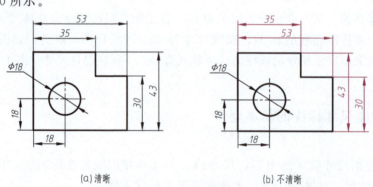

(a)清晰　　　　　　　　　(b)不清晰

图 4-10　尺寸标注要清晰

4. 具有截交线和相贯线的组合体上的尺寸标注

当组合体上有交线时，特别注意不要在交线上注尺寸，而应该标注形成交线的基本形体的定形和定位尺寸。

如图 4-11 所示，具有截交线的组合体，对截交部分的尺寸标注只需注出截平面的定位尺寸，而不应标注截平面的定形尺寸，因为截断面的形状由回转体的定形尺寸和截平面的定位尺寸确定。图 4-11（a）中，26、40 和 6 这三个尺寸是确定截平面位置的尺寸，图 4-11（b）所示是常见的错误注法。

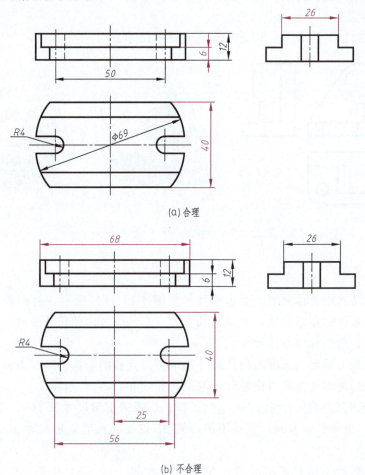

图 4-11 截交线的尺寸标注

如图 4-12（a）所示，具有相贯线的组合体，只需标注参与相贯的回转体的定形尺寸和

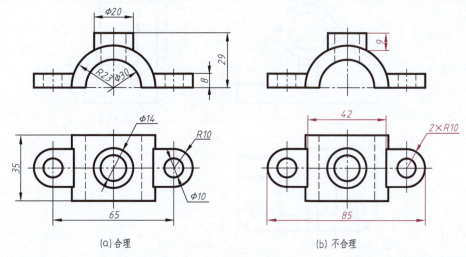

图 4-12 相贯线的尺寸标注

确定它们之间相互位置的定位尺寸（29、65、8），而不应标注相贯线的定形尺寸。图中 φ30 的半圆孔标注直径，是因为这个孔在加工时要和一个机件固定在一起加工，另一个机件上也有一个 φ30 的半圆孔。

【例 4-1】 标注图 4-13（a）固定轴承座三视图尺寸。

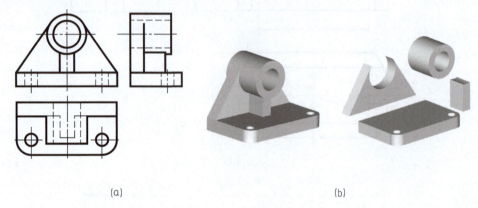

图 4-13　固定轴承座

用形体分析法将组合体分解成基本形体，如图 4-13（b）所示，前面教学内容已述；首先分别标注出各形体的定形尺寸，并确定长、宽、高三个方向的尺寸基准；再标注各基本体之间的定位尺寸，最后标注总体尺寸。

（1）以轴承座对称面为长度方向的尺寸基准，以底板的底面为高度方向的尺寸基准，以支承板和底板的后端面为宽度方向的尺寸基准，如图 4-14（a）所示。

（2）标注出圆筒的定形尺寸 φ64、φ44、78；底板的定形尺寸长 160、宽 82、高 21，圆孔直径 2×φ20，圆角半径 R24；支承板的厚度 22 以及肋板的定形尺寸 20、34、22 等，如图 4-14（a）所示。

（3）标注出各形体相对于基准的定位尺寸，如图 4-14（b）中的 112、83、58、12 等尺寸。

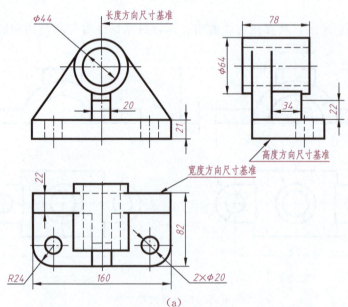

(a)

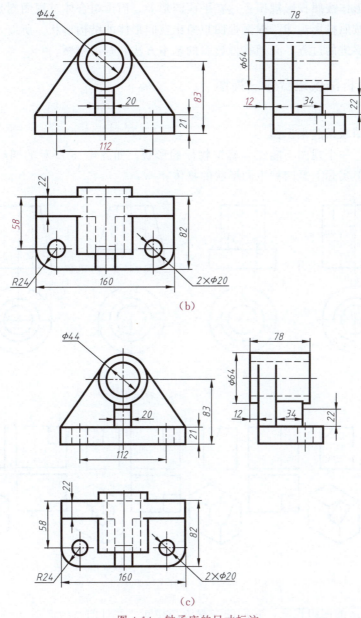

图 4-14 轴承座的尺寸标注

（4）查看并补注总体尺寸。轴承座的总长尺寸就是底板的长 160，总宽尺寸由底板的宽度 82 与圆筒宽度方向定位尺寸 12 相加得到，组合体高度方向为同轴圆孔的回转体，所以仅标注孔的定位尺寸 83 和外端圆柱面的直径 φ64，不标注总高尺寸。如图 4-14（c）所示。

4.4 读组合体三视图

画图与读图训练是学习本课程的两个重要环节。画组合体三视图是运用形体分析法或线面分析法把空间形体按照投影规律表达在平面图形上；而读组合体三视图则是运用形体分析法或线面分析法按照投影规律，根据视图想象出空间形体的结构形状。所以，画图与读图是相辅相成、互相促进的过程，必须掌握读图的基本方法和基本要领。

4.4.1 形体分析法读组合体三视图

1. 读图的基本知识

（1）几个视图联系起来识读

一般情况下，一个视图不能完全确定物体的形状。如图 4-15 所示的四组视图，它们的俯视图都相同，但实际上是四种不同形状的物体。

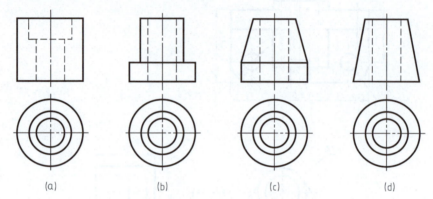

图 4-15 一个视图不能完全确定物体的形状

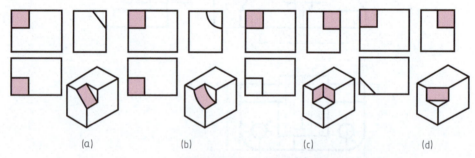

图 4-16 几个视图同时分析才能确定物体的形状

如图 4-16 所示的四组视图，它们的主视图都相同，并且图（a）、图（b）的主、俯视图相同，图（c）、图（d）的主、左视图也相同，但实际上也分别表示了四种不同形状的物体。由此可见，读图时，必须将几个视图联系起来阅读、互相对照分析，才能正确地想象出组合体的完整形状。

（2）要从反映形体特征明显的视图看起

抓特征视图，就是抓形状特征视图和位置特征视图。

形状特征视图就是最能表达物体形状特征的那个视图。如图 4-17 所示的四个物体的主视图完全相同，但从俯视图上可以看出三个物体截然不同，这些俯视图就是表达这些物体形状特征明显的视图。

位置特征视图就是最能表达物体位置特征的那个视图。如图 4-18 所示的物体，如果只有主、俯视图就无法辨别其形体各个组成部分的相对位置，由于各组成部分的位置无法确定，因此该形体至少有图 4-18（a）、(b) 所示的两种可能，而当与左视图配合起来看，就很容易想清楚各形体之间的相对位置关系了，此时的左视图就是表达该形体各组成部分之间相对位置特征明显的视图。

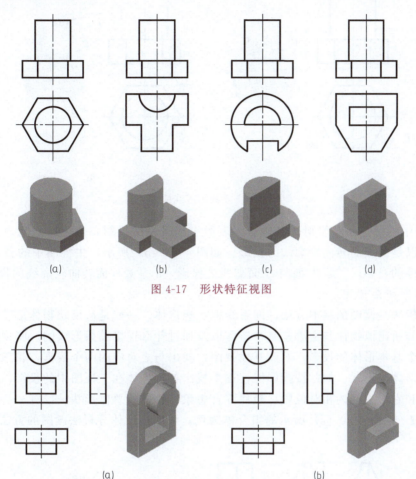

图 4-17 形状特征视图

图 4-18 位置特征视图

（3）理解视图中线框和图线的含义

弄清视图中线框的含义，是看图的基础。下面以图 4-19 为例说明。

① 视图中每个封闭线框，通常都是形体上一个表面（平面或曲面）的投影。

如图 4-19（a）所示，主视图中有四个封闭线框，对照俯视图可知，线框 a'、b' 和 c' 分别为六棱柱前面三个棱面的投影，线框 d' 为圆柱前半柱面的投影。

② 任何相邻的两个封闭线框应是物体上不同位置的两个面的投影。

如图 4-19（a）所示，主视图中的 a' 线框与左边的 b' 线框以及右边的 c' 线框是相交的两个表面，a' 线框与 d' 线框是同向错位的两个表面，对照俯视图，六棱柱前面的棱面 A 在柱面 D 之前。

③ 大封闭线框中套小封闭线框，表示是在大平面（或曲面）上凸或下凹小结构物体。

如图 4-19（b）所示，俯视图中大线框六边形中的小线框圆，就是六棱柱顶面上凸的圆柱面 Ⅰ 的投影。

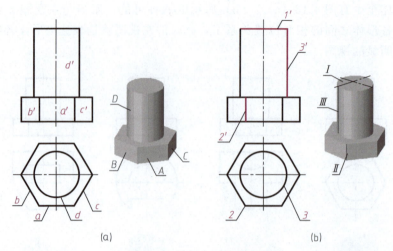

图 4-19 线框和图线的含义

④ 视图中的每一条图线则可以是立体表面有积聚性的投影，也可以是两表面的交线的投影，还可以是曲面的转向轮廓线的投影。如图 4-19（b）所示，主视图中的直线 $1'$ 是圆柱顶面有积聚性的投影，$2'$ 是 A 面与 B 面交线的投影，$3'$ 是圆柱面转向轮廓线的投影。

2. 形体分析法读图

形体分析法是读图的基本方法，即看线框，想形体。一般是从反映物体形状特征的视图着手，初步分析出该物体是由哪些基本形体以及通过什么连接关系形成的。将视图中的一个线框看作一个基本形体的投影，对照其他视图，找出与之对应的两个线框，将三个线框联系起来想象该形体的形状。如此按投影特性逐个找出各基本体在三视图中的投影，以确定各基本体的形状和它们之间的相对位置，最后综合想象出物体的总体形状。

【例 4-2】 以图 4-20（a）所示的组合体为例，说明用形体分析法读图的方法。

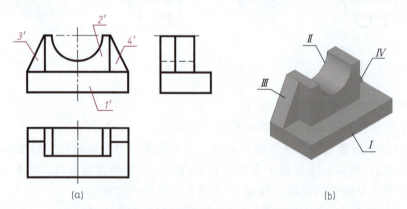

图 4-20 将组合体分解成四部分

（1）从视图中分离出表示各基本形体的线框。

将主视图分为四个线框，其中线框 $3'$、$4'$ 为左右两个完全相同的三角形，因此可归纳为三个线框。每个线框各代表一个基本形体，如图 4-20（a）所示。

（2）分别找出主视图中各线框对应的其他投影，并结合各自的特征视图逐一构思它们的形状。

主视图中线框 1' 所对应的俯、左视图都是矩形，可以想象出该形体是一块长方形板，如图 4-21（a）所示。

主视图中线框 2' 所对应的俯视图是一个中间带有两条直线的矩形，其左视图是两个矩形，两矩形的中间有一条虚线，可以想象出它的形状是在一个长方体的中部挖了一个半圆槽，如图 4-21（b）所示。

主视图中线框 3' 所对应的俯、左两视图都是矩形，因此它们是两块三角板对称地分布在组合体的左右两侧，如图 4-21（c）所示。

（3）根据各部分的形状和它们的相对位置综合想象出组合体的整体形状，如图 4-20（b）所示。

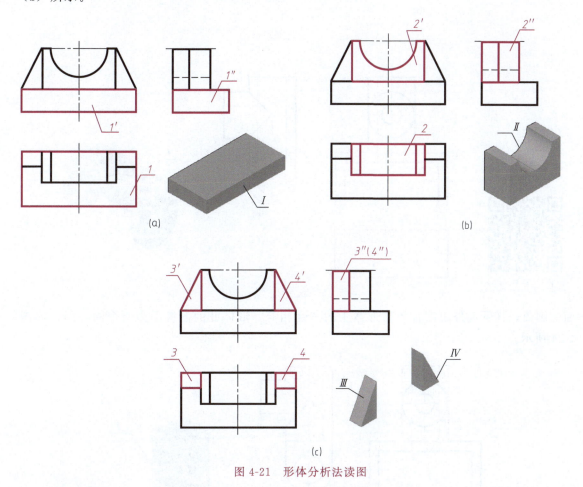

图 4-21　形体分析法读图

【例 4-3】　如图 4-22（a），已知支撑的主、左视图，想象出它的形状，补画俯视图。

分析并作图

将主视图中的图形划分为三个封闭线框，这三个线框是构成该组合体的三个基本形体的正面投影，如图 4-22（b）所示。

主视图中线框 1' 是具有方形缺口的八边形线框，对照左视图与之相对应的是 U 形线框，U 形线框中含虚线，可以想象形体 I 由 3 块带孔的板组成，中间是长方形底板，两侧是 U 形板，其俯视图基本形状为长方形，如图 4-23 所示。

主视图中矩形线框 2' 因图中注明 ϕ_1 和 ϕ_2，对照左视图可知，形体 II 是轴线垂直于水平

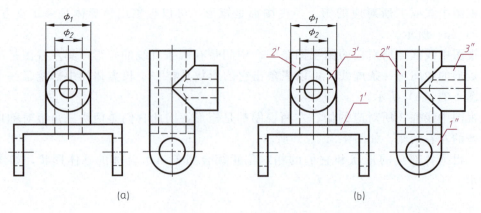

图 4-22 读支撑的视图

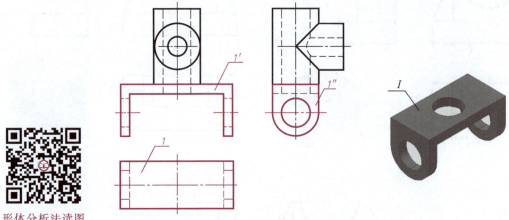

图 4-23 读形体 Ⅰ

形体分析法读图

面的圆筒,且圆筒外表面直径与形体 Ⅰ 的宽度相等,形体 Ⅱ 的俯视图为两个同心圆,如图 4-24 所示。

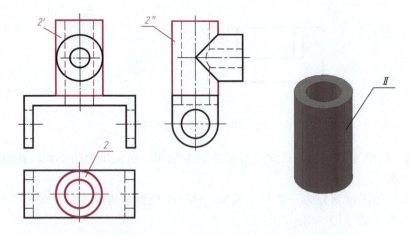

图 4-24 读形体 Ⅱ

主视图中线框 3' 由两两同心圆组成,对照左视图可想象出,形体 Ⅲ 的外表面与形体 Ⅱ 的外表面为等直径正交,形体 Ⅲ 的内表面与形体 Ⅱ 的内表面为非等径正交,形体 Ⅲ 的俯视图为与形体Ⅱ外圆相切的长方形，如图 4-25 所示。

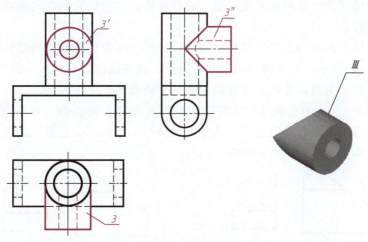

图 4-25　读形体Ⅲ

综合底板和两圆筒的形状和相等位置，可想象出该组合体的整体形状，如图 4-26 所示。

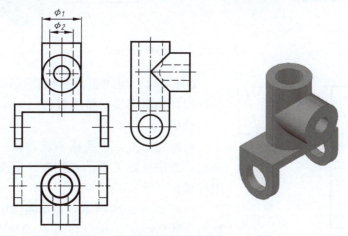

图 4-26　综合想象出支撑的整体形状

4.4.2　线面分析法读组合体三视图

对于切割形成的组合体常用线面分析法读图。根据上述"读图的基本知识"可知：

① 视图中每个封闭线框，通常都是形体上一个表面（平面或曲面）的投影；②任何相邻的两个封闭线框应是物体上不同位置的两个面的投影；③大封闭线框中套小封闭线框，表示是在大平面（或曲面）上凸或下凹小结构物体；④视图中的每一条图线则可以是立体表面有积聚性的投影，也可以是两表面的交线的投影，还可以是曲面的转向轮廓线的投影。

读图时，逐个分析视图中的图线和线框的空间含义，即根据它们的投影特点判断它们的形状和位置，从面的角度，正确地了解物体各部分的结构形状。用线面分析法读图的一般步骤是：

（1）首先用形体分析法粗略地分析切割型组合体在被切割之前完整的形状，即物体的原形。

(2) 逐一分析视图的每一条线、每一个线框的含义。按照"长对正、高平齐、宽相等"的投影关系,用尺规找出它们在其他视图上的相关投影。根据它们的两面或三面投影判断出它们的空间位置特点。

(3) 根据物体上每一表面的形状和空间位置,综合起来想象物体的整体形状。

如图 4-27(a)所示,对于俯视图上的五边形,在主视图上可找到一条斜线与之相对应,由此判断这个面是正垂面,并且在左视图上有一个类似的五边形。

同样,图 4-27(b)中主视图上的四边形对应左视图上的斜线,可判断是一个侧垂面,在俯视图上也对应一个类似的四边形。通过以上分析,可以综合想象出该组合体是由一个长方体被正垂面和侧垂面切去两块而形成的。

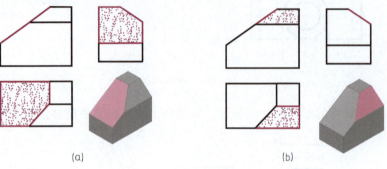

图 4-27 线面分析法读图

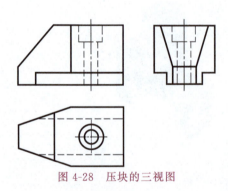

图 4-28 压块的三视图

【例 4-4】 用线面分析法读懂图 4-28 所示压块的三视图,想出压块的整体形状。

分析

根据视图上一个线框表示物体一个面的规律进行分析,并按投影关系,找到每个表面的三个投影。读图过程如下所示。

(1) 如图 4-29 所示,由俯视图中的线框 p 对应主视图上的斜线 p',可以判断 P 面是垂直于正面的梯形平面,从而想象出压块的左上方切去一角。平面 P 对水平面和侧平面都倾斜,不反映实形,但其水平投影和侧面投影实类似的梯形。

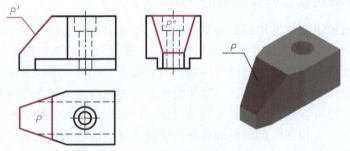

图 4-29 压块上 P 面的投影分析

(2) 如图 4-30 所示,由主视图的七边形 q' 对应俯视图上的斜线 q,可知平面 Q 是铅垂面,压块左端切去前后对称的两角。平面 Q 对正面和侧面都倾斜,不反映实形,但其正面和侧面投影是类似的七边形。

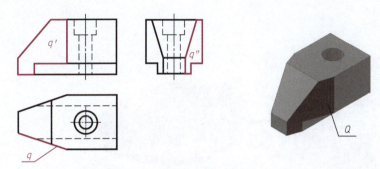

图 4-30　压块上 Q 面的投影分析

（3）如图 4-31 所示，由主视图中的长方形 e' 对应左视图上的一条直线 e'' 和俯视图上的一条虚线 e，可以判断面 E 为正平面。

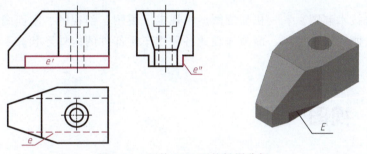

图 4-31　压块上 E 面的投影分析

（4）如图 4-32 所示，再从俯视图中的四边形 f 对应主、左视图上的 f'、f''，可判断 F 面是水平面。

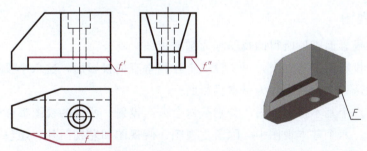

图 4-32　压块上 F 面的投影分析

（5）压块原形为长方体，分别被正垂面 P、2 个铅垂面 Q、2 个水平面 F 及 2 个正平面 E 切割形成。通过对压块整体及面形的投影关系所作的详细分析（中间的阶梯孔的形状不需要分析），可以对其整体和局部形状都有完整的认识，从而想象出压板的形状。

第5章

机件的基本表示方法

国家标准《技术制图》和《机械制图》中规定了视图、剖视图、断面图以及其他各种基本表达方法,以便完整、清晰、简便地表达各种汽车零部件的内外形状。

5.1 视图

根据有关标准规定,用正投影法绘制出物体的图形称为视图,视图主要用来表达机件外部结构形状,一般仅画出机件的可见部分,必要时才用虚线画出不可见部分。

视图包括基本视图、向视图、局部视图和斜视图四种。

5.1.1 基本视图

物体向基本投影面投射所得的视图称为基本视图。

在原有三个投影面的基础上,再增设三个互相垂直的投影面,这六个投影面构成一个正六面体,一般把这六个投影面称为基本投影面。

将物体放在六个基本投影面内,分别从六个方向投射,所得的视图都称为基本视图,如图 5-1(a)所示。六个基本视图中,除了主视图、俯视图和左视图外,还包括从右向左投射所得的右视图,从下向上投射所得的仰视图,从后向前投射所得的后视图。

六个基本视图按图 5-1(b)展开。

六个基本投影面按图 5-2 所示配置时,一律不标注视图名称。它们仍保持"长对正、高平齐、宽相等"的投影关系。由前向后投射所得的主视图应尽量反映机件的主要轮廓,并根据实际需要选用其他视图,在完整、清晰地表达机件形状的前提下,使采用的视图数量为最少,力求制图简便。

六个基本视图的方位对应关系如图 5-2 所示,除后视图外,在围绕主视图的俯、仰、左、右四个视图中,远离主视图的一侧表示机件的前方,靠近主视图的一侧表示机件的后方。

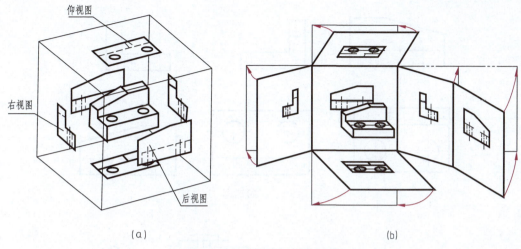

图 5-1 六个基本视图及展开

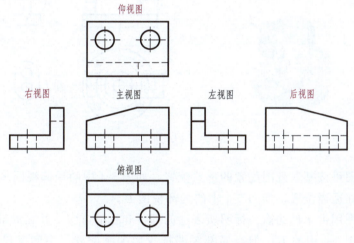

图 5-2 六个基本视图的配置

5.1.2 向视图

向视图是移位配置的基本视图。为了便于读图，应在向视图的上方用大写拉丁字母标出该向视图的名称（如"D"、"E"、"F"等），并在相应的视图附近用箭头指明投射方向，注上相同的字母，如图 5-3 所示。

5.1.3 局部视图

当采用一定数量的基本视图后，机件上仍有部分结构形状尚未表达清楚，而又没有必要再画出完整的基本视图时，可采用局部视图来表达。

局部视图是将机件的某一部分向基本投影面投射所得的视图。如图 5-4 所示的机件，用主、俯视图表达了主体形状，但为了表达左、右两个凸缘形状，再画左视图和右视图，显得烦琐和重复。如果采用 A 和 B 两个局部视图来表达凸缘的形状，既简练又突出重点。

局部视图的配置、标注及画法：

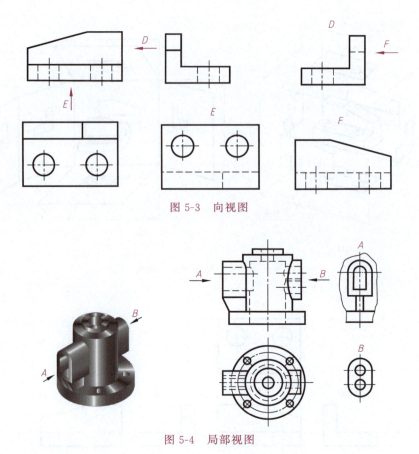

图 5-3 向视图

图 5-4 局部视图

(1) 局部视图可按基本视图配置的形式配置，如图 5-4 中的局部视图 A；也可按向视图的配置形式配置在适当位置，如图 5-4 中的局部视图 B。

(2) 局部视图用带字母的箭头标明所表达的部位和投射方向，并在局部视图的上方标注相应的字母，如图 5-4 中的 B。但当局部视图按投影关系配置，中间又没有其他视图隔开时，可省略标注，如图 5-4 中的 A（为了叙述方便，图中未省略）。

(3) 局部视图的断裂边界通常用波浪线或双折线表示，如图 5-4 中的 A 向局部视图。但当所表示的局部结构是完整的，其图形的外轮廓线呈封闭时，波浪线可省略不画，如图 5-4 中的 B 向局部视图。波浪线不应超出机件实体的投影范围。

5.1.4 斜视图

将机件的倾斜部分投射到非基本投影面所得到的视图称斜视图。当机件上有倾斜于基本投影面的结构时，为了表达倾斜部分的真实外形，可设置一个平行于倾斜部分的辅助投影面，求其辅助投影（实形），如图 5-5（a）所示。

斜视图的配置、标注及画法：

(1) 斜视图通常按向视图的配置形式配置并标注，即在斜视图的上方用字母标出视图名称，在相应的视图附近用带相同字母的箭头指明投射方向，如图 5-5（b）所示。

(2) 必要时，允许将斜视图旋转配置，并加注旋转符号，如图 5-5（c）所示。旋转符号为半圆形，半径等于字体高度。表示该视图名称的字母应靠近旋转符号的箭头端，也允许将旋转角度写在字母之后。

（3）斜视图仅表达倾斜表面的真实形状，其他部分用波浪线断开。

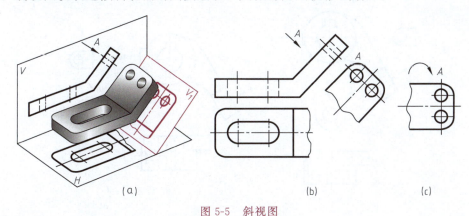

图 5-5　斜视图

在实际绘图时，并不是每个机件的表达方案都同时应用基本视图、向视图、局部视图和斜视图，而是根据需要灵活选用。

如图 5-6（a）所示压紧杆的三视图，压紧杆左端耳板是倾斜结构，俯视图和左视图都不反映实形，画图比较困难，表达不清楚。为了表示倾斜结构，可如图 5-6（b）所示，在平行于耳板的正垂面（辅助投影面）上作出耳板的斜视图，得到反映耳板实形的视图。

因为斜视图只是表达倾斜结构的局部形状，所以画出耳板实形后，用波浪线断开，其余部分的轮廓线不必画出。

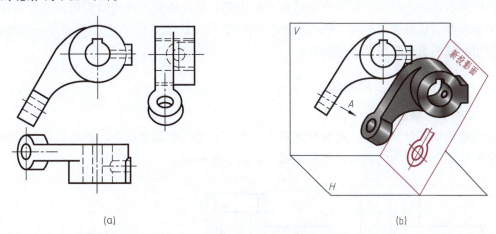

图 5-6　压紧杆三视图和斜视图的形成

图 5-7 所示为压紧杆的两种表达方案：

方案一：图 5-7（a）采用一个基本视图（主视图）、B 向局部视图（代替俯视图）、A 向斜视图和 C 向局部视图。

方案二：图 5-7（b）采用一个基本视图（主视图）、一个配置在俯视图位置上的局部视图（不必标注）、一个旋转配置的斜视图 A，以及画在右端凸台附近的局部视图（用细点画线连接，不必标注）。

比较压紧杆的两种表达方案，显然，方案二的视图布置更加紧凑。

汽车零部件识图

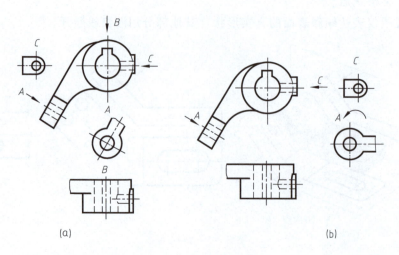

图 5-7　压紧杆表达方案

5.2　剖视图

视图只表达机件外形，要清晰表达机件的内部形状，还需要选用恰当的剖视和剖面。为此，国家标准《机械制图》的"图样画法"（GB/T 17452—1998、GB/T 4458.6—2002）中，规定采用剖视图表达机件的内部形状。

5.2.1　剖视图的概念和画法

1. 剖视图的概念

假想用剖切面剖开机件，将处在观察者与剖切面之间的部分移去，而将其余部分向投影面投影所得的图形称为剖视图，简称剖视。如图 5-8 所示。

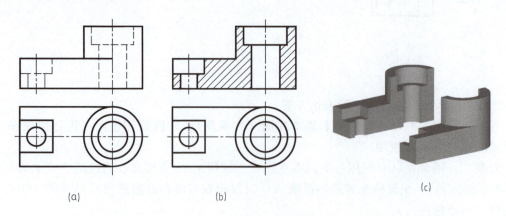

图 5-8　剖视图的形成

2. 画剖视图的步骤

（1）确定剖切面的位置。为了能确切地表达机件内部的真实形状，所选剖切平面一般应与某投影面平行，并应通过机件内部孔、槽的轴线或对称面。剖切面可以是平面或圆柱面，用得最多的是平面。如图 5-8 所示，选取平行于正面且通过对称中心线的平面为剖切面。

（2）求剖切面和立体表面的交线，立体表面包括内表面和外表面。

（3）求截平面的投影，并在截平面上画上剖面线。为了区分机件上的实体和空心部分，在机件的截断面上应按表 5-1 中所规定的各种不同材料的剖面符号画上其相应的剖面线。

在机械设计中，金属材料使用最多，为此，国家标准规定用简明易画的平行细实线作为剖面符号，且特称为剖面线。绘制剖面线时，同一机械图样中的同一零件的剖面线应方向相同、间隔相等。剖面线的间隔应按剖面区域的大小确定，剖面线的方向一般与主要轮廓或剖面区域的对称线成 45°，如图 5-8 所示。

画剖视图的步骤

（4）画剖切面后面的投影，剖切平面后的可见轮廓线，一定要用粗实线画出，不能漏画。

表 5-1 剖面符号（GB/T 4457.5—2013）

材料名称	剖面符号	材料名称	剖面符号
金属材料（已有规定剖面符号者除外）		线圈绕组元件	
非金属材料（已有规定剖面符号者除外）		转子、变压器等的叠钢片	
型沙、粉末冶金、陶瓷、硬质合金等		玻璃及其他透明材料	
胶合板（不分层数）		格网（筛网、过滤网等）	
木材 纵剖面		液体	
木材 横剖面			

3. 剖视图的标注

为了看图方便，剖视图一般需要标注，标注内容如下：

（1）剖切符号　剖切符号为长约 5～10mm 的粗实线，线宽为 1～1.5d，用来表示剖切位置。剖切符号画在剖切位置的迹线处，尽可能不与轮廓线相交，在剖切符号的起、止和转折处应用相同的字母标出，如图 5-9 所示。

（2）投影方向　在剖切符号的两端外侧用箭头指明剖切后的投影方向。

（3）剖视图的名称　在剖视图的上方用"×—×"标出剖视图的名称。"×"应与剖切符号上的字母相同，如图 5-9 所示。

（4）省略标注　当剖视图处于主、俯、左等基本视图的位置，按投影关系配置，中间又没有其他的图形隔开时可省略箭头；当单一剖切平面通过对称平面或基本对称的平面，且剖视图按投影关系配置，中间又没有其他的图形隔开时，可不加任何标注，如图 5-8 所示，标注全部省略了。

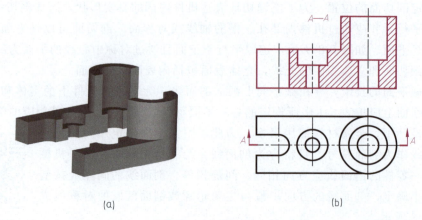

图 5-9 剖视图的标注

4. 画剖视图应注意的问题

（1）因为剖切是假想的，其实机件没有被剖开，所以除剖视图本身外，其余的视图应画成完整的图形，如图 5-10 所示。

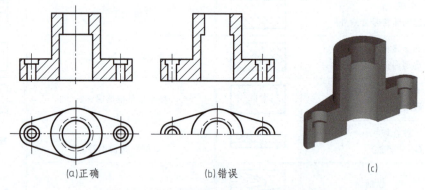

图 5-10 剖切面后的可见轮廓线不能漏画

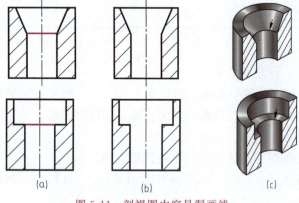

图 5-11 剖视图中容易漏画线

（2）为了剖视图上不出现多余的截交线，选择的剖切平面应通过机件的对称平面或回转中心线。

（3）剖视图中一般不画虚线，但当画少量的虚线可以减少某个视图，而又不影响剖视图的清晰时，也可以画这种虚线。

（4）剖视图中，剖切平面后面的可见轮廓线都应画出，不能遗漏，如图 5-11 所示。

5.2.2 剖视图的种类

根据剖切范围来分，剖视图可分为全剖视图、半剖视图和局部剖视图三种。

1. 全剖视图

用剖切面（剖切面可以是平面或柱面）将机件完全剖开所得到的剖视图称为全剖视图。由于全剖视图是将机件完全剖开，机件外形的投影受影响，所以全剖视图适用于内部结构形状较复杂且各方向均不对称而外形较简单的机件。如图 5-9、图 5-12 所示。

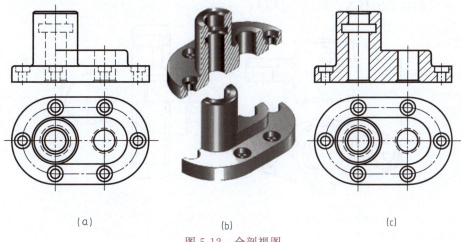

图 5-12 全剖视图

2. 半剖视图

当机件具有对称平面时，在垂直于对称平面的投影面上投射所得的图形，可以对称中心

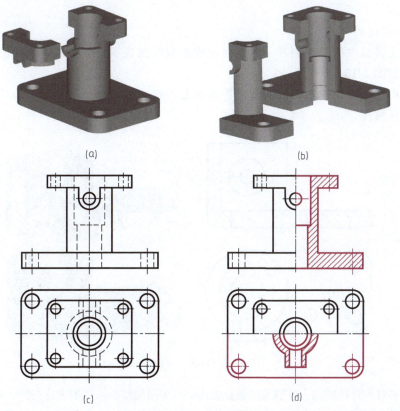

图 5-13 支架的半剖视图

线为界，一半画成剖视以表达内形，另一半画成视图以表达外形，这种组合图形称为半剖视图。如图 5-13 所示，由于该机件左右、前后都对称，所以主、俯视图都画成半剖视图。

半剖视图既充分表达了机件的内部形状，又保留了外部形状，所以常用于表达内部和外部形状都比较复杂的对称机件。但当机件的形状接近于对称，且不对称部分已另有图形表达清楚时，也可画成半剖视图，如图 5-14 所示。

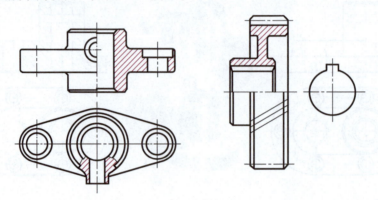

图 5-14　半剖视图

画半剖视图时应注意：

（1）半个视图与半个剖视图的分界线应画细点画线；但如轮廓线与图形的对称线重合时，则应避免使用半剖视。

（2）机件的内部形状已在半剖视图中已表达清楚，在另一半表达外形的视图中不必再画出虚线；

3. 局部剖视图

用剖切面将机件的局部剖开，并用波浪线或双折线表示剖切范围，所得的剖视图称为局部剖视图，如图 5-15 所示。

局部剖视图的剖切位置和剖切范围根据需要而定，是一种比较灵活的表达方法。主要适用于以下几种情况。

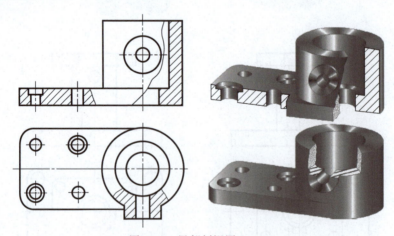

图 5-15　局部剖视图（一）

（1）当不对称机件的内、外部形状都要表达，可采用局部剖视图的表达方法，如图 5-15 所示。

（2）机件上只有某一局部结构需要表达，但又不宜采用全剖视图时，如图 5-16 所示。

（3）机件具有对称面，但轮廓线与对称中心线重合，不宜采用半剖视表达内部形状，这类机件也常采用局部剖视，如图 5-17 所示。

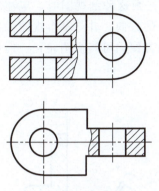

图 5-16　局部剖视图（二）

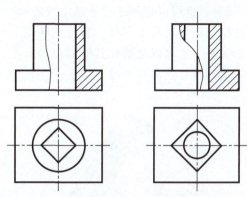

图 5-17　局部剖视图（三）

画局部剖视图时应注意：

（1）波浪线只能画在机件表面的实体部分，不能穿越孔或槽（必须断开），也不能超出实体的轮廓线之外，如图5-18所示。

（2）波浪线不应画在轮廓线的延长线上，如图5-19（a）所示。

（3）当被剖切的局部结构为回转体时，允许将回转中心线作为局部视图与视图的分界线，如图 5-19（b）所示。

图 5-18　局部剖视图（四）

5.2.3　剖切面的种类

国家标准规定了三种剖切面：单一剖切面、几个平行的剖切平面、几个相交的剖切面，用以表达复杂机件的内部结构。

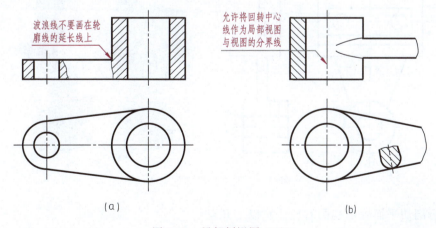

图 5-19　局部剖视图（五）

1. 单一剖切面

单一剖切面是指用一个剖切面剖开机件，这个剖切面可以是平行于基本投影面（如前所述各例），也可以是不平行于基本投影面，如图 5-20 中的 $A—A$。画这种剖视图时，应注意标注剖切符号，写上字母、名称。剖视图一般应配置在箭头所指的方向，并与基本视图保持投影关系。也可以配置在其他适当的位置，并且为了画图和读图方便，可将视图转正，但要画上旋转符号、注写字母。

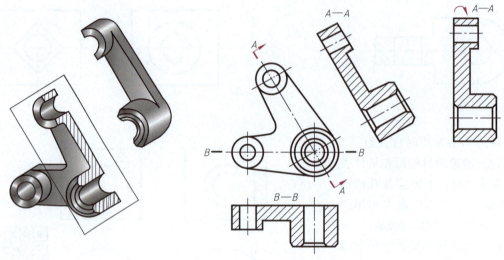

图 5-20　单一剖切面

2. 几个平行的剖切平面

当机件上孔或槽的轴线或中心线处在两个或多个相互平行的平面内时，可用一组平行的剖切平面将机件剖开，然后将平行剖切平面后的机件同时向投影面投射，即得到用平行剖切平面表示的剖视图（也称为阶梯剖）。绘制平行剖切平面表示的视图时，剖切平面的转折面不是剖切面，不画其投影。用平行剖切平面得到的剖视图标记不能省略，须用直角表示出平行剖切面的转折位置，并注出剖面名称，如图 5-21 所示。

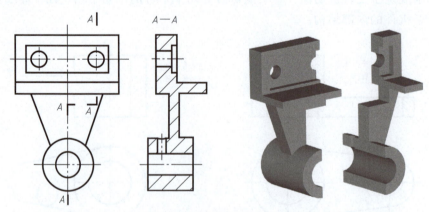

图 5-21　阶梯剖视图的画法

用平行剖切平面画剖视图时应注意以下几点：

（1）不应在剖视图中画出各剖切平面的分界线，如图 5-22（a）所示的画法是错误的。

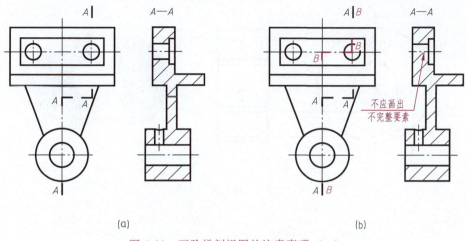

图 5-22　画阶梯剖视图的注意事项（一）

（2）剖视图中不应出现不完整结构要素，如图 5-22（b）中半个沉孔。只有当两个要素在剖视图中具有公共对称轴线时，才能各画一半，如图 5-23（a）所示。

（3）用平行剖切平面画剖视图时，必须在相应视图上用剖切符号表示剖切平面的起讫和转折位置，并注写相同字母，但是剖切符号在转折处不允许与图上的轮廓线重合，转折处如因位置有限，且不致引起误解时，可以不注字母，如图 5-23（b）所示。

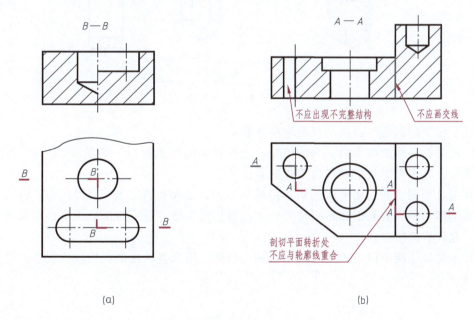

图 5-23　画阶梯剖视图的注意事项（二）

3．几个相交的剖切面

当用一个剖切面不能通过机件的各个内部结构，而机件在整体上又具有回转轴时，可用几个相交的剖切平面剖开机件，然后将剖面的倾斜部分旋转到与基本投影面平行，再进行投射（也称为旋转剖）。用相交剖切平面绘制的剖视图，剖切标记不能省略，如图 5-24 所示。

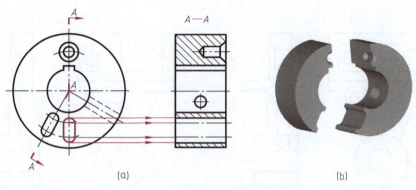

图 5-24　旋转剖视图的画法

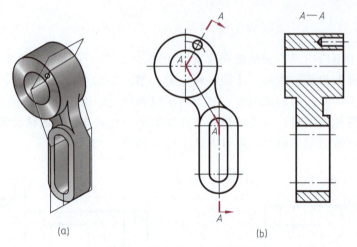

图 5-25　两个以上的相交平面

用几个相交的剖切平面画剖视图时应注意：

（1）凡是没有被剖切平面剖到的结构，应按原来的位置投射。如图 5-24（a）所示机件上的小圆孔，其左视图是按原来位置投射画出的。

（2）用几个相交的剖切平面剖切获得的剖视图，必须标注，如图 5-24（a）所示。用剖切符号表示剖切平面的起讫和转折位置，并注写相同字母，但当转折处无法注写又不致引起误解时，允许省略字母。

（3）还可以用两个以上相交的剖切面剖开机件，用来表达内部结构较为复杂的机件，如图 5-25 所示。

5.3　断面图

假想用剖切面将机件的某处切断，仅画出断面的图形，称为断面图，简称断面。断面图的画法要遵循 GB/T 17452—1998、GB/T 4458.6—2002 的规定。

如图 5-26（a）所示的轴，为了表示键槽的深度和宽度，假想在键槽处用垂直于轴线的剖切面将轴切断,仅画出断面的形状,并在断面上画出剖面线,如图 5-26(b)所示。

画断面图时,应特别注意断面图与剖视图的区别。断面图仅画出机件被切断处的断面形状,而剖视图除了画出断面形状外,还必须画出断面后的可见轮廓线,如图 5-26(c)所示。

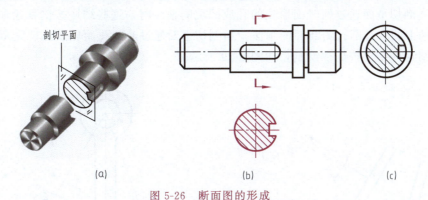

图 5-26　断面图的形成

根据断面图配置位置的不同,可分为移出断面和重合断面两种。

5.3.1　移出断面图

画在视图轮廓线之外的断面,称为移出断面图。

1. 移出断面图的画法与配置

(1) 移出断面图的轮廓线用粗实线画出。

(2) 移出断面图应尽量画在剖切线的延长线上,如图 5-27(a)所示轴右端圆孔的断面图;必要时可配置在其他适当位置,如图 5-27(a)中的 $A—A$ 和 $B—B$ 断面图;也可以按投影关系配置,如图 5-27(b)中的 $C—C$;当断面图形对称时,还可画在视图的中断处,如图 5-27(c)所示。

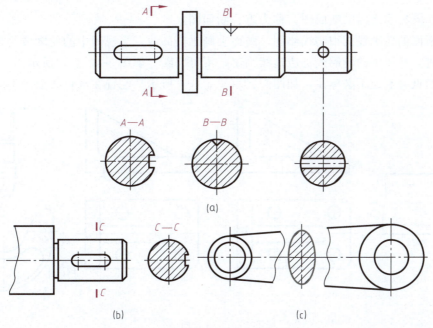

图 5-27　移出断面的画法与配置

（3）剖切平面一般应垂直于被剖切部分的主要轮廓线。当遇到如图 5-28 所示的肋板结构时，可用两个相交的剖切平面，分别垂直于左、右肋板进行剖切，这样画出的断面图，中间应用波浪线断开。

（4）当剖切平面通过回转面形成的孔或凹坑的轴线时，这些结构按剖视绘制，如图 5-27（a）中的轴上凹坑和圆孔的断面图画法。当剖切平面通过非圆孔而导致出现完全分离的两个断面时，则这些结构按剖视绘制，如图 5-29 所示。

图 5-28　移出断面（一）　　　　　　图 5-29　移出断面（二）

2. 移出断面的标注

对称的移出断面图画在剖切符号的延长线上时，可省略标注，如图 5-27（a）右端小圆孔的断面；画在其他位置时，可省略箭头，如图 5-27（a）中的 $B—B$ 断面，图 5-27（b）中的 $C—C$ 断面。不对称的移出断面图画在剖切符号的延长线上时，可省略字母，如图 5-26（b）所示；画在其他位置时，要注明剖切符号、箭头和字母，如图 5-27（a）$A—A$ 断面。

5.3.2　重合断面图

画在视图轮廓之内的断面图，称为重合断面图。

重合断面的轮廓线用细实线绘制，断面上画出剖面线。当视图中的轮廓线与重合断面的图形重合时，视图中的轮廓线仍应连续画出，不可间断，如图 5-30（a）所示。

对称的重合断面不必标注，如图 5-30（b）、(c) 所示。配置在剖切线上的不对称重合断

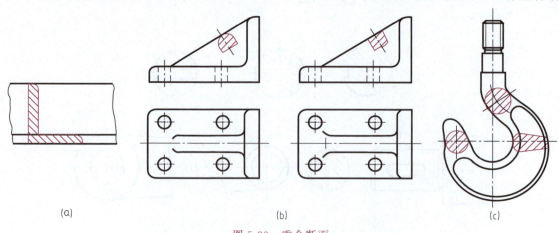

图 5-30　重合断面

面，在不致引起误解时可省略标注，如图 5-30（a）所示。

5.4 局部放大图及简化画法

5.4.1 局部放大图

当机件上某些局部细小结构在视图上表达不清楚，或不便于标注尺寸，可将该部分结构用大于原图的比例画出，这种图形称为局部放大图（GB/T 4458.1—2002），如图 5-31、图 5-32 所示。

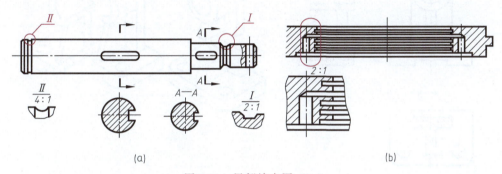

图 5-31 局部放大图（一）

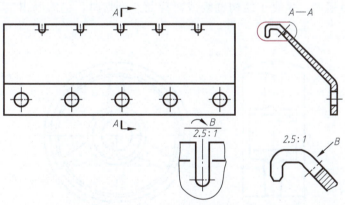

图 5-32 局部放大图（二）

画局部放大图时应注意：

（1）局部放大图可以画成视图、剖视和断面，与被放大部分的表达方式无关。如图 5-31（a）中的Ⅰ为剖视或断面，Ⅱ为视图。图 5-31（b）中的局部放大图为剖视。局部放大图应尽量配置在被放大部位的附近。

（2）绘制局部放大图时，除螺纹牙型和齿轮的齿形外，应在视图上用细实线圈出被放大的部位。当同一机件上有几个被放大的部分时，必须用罗马数字依次标明被放大的部位，并在局部放大图的上方标注出相应的罗马数字和所采用的比例，如图 5-31（a）所示。当机件上被放大的部分仅一个时，在局部放大图的上方只需注明所采用的比例，如图 5-31（b）

所示。

（3）必要时可用几个图形来表达同一个被放大部分的结构，如图 5-32 所示。

5.4.2 简化画法

1. 机件上的肋、轮辐等结构的画法

对于机件上的肋板、轮辐及薄壁等结构，当剖切平面沿纵向（通过轮辐、肋板等的轴线或对称平面）剖切时，这些结构都不画剖面符号，但必须用粗实线将它与其邻接部分分开，如图 5-33 左视图中的肋板和图 5-34 主视图中的轮辐。

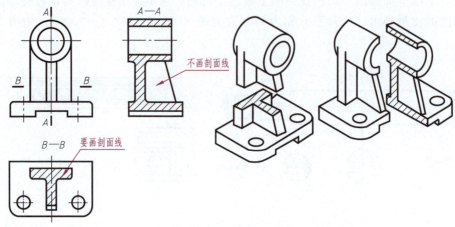

图 5-33 肋板的画法

但当剖切面沿横向（垂直于结构轴线或对称面）剖切时，仍需画出剖面符号，如图 5-33 的俯视图。

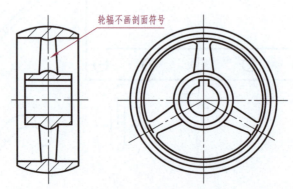

图 5-34 轮辐的画法

对于机件回转体上均匀分布的肋、轮辐、孔等结构不处于剖切平面上时，可将这些结构旋转到剖切平面上画出，如图 5-35 所示。

2. 相同结构要素的简化画法

当机件上具有若干相同结构要素（如孔、槽等），并按一定规律分布时，可以仅画出几个完整结构，其余用细实线相连或标明中心位置，并注明总数，如图 5-36 所示。

对于网状物、编织物或机件上的滚花部分，可在轮廓线附近用粗实线局部画出的方法表示，也可省略不画，如图 5-37 所示。

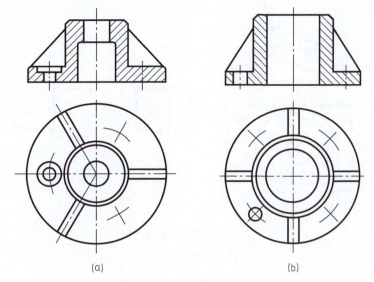

图 5-35 均布结构的画法

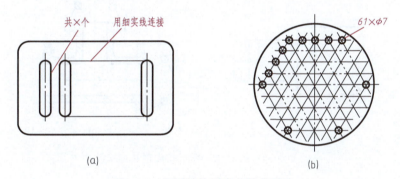

图 5-36 相同结构要素的简化画法

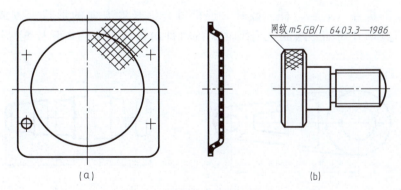

图 5-37 网状物、滚花示意画法

3. 机件上某些交线和投影的简化画法

与投影面倾斜角度小于或等于 30°的圆或圆弧，其投影可用圆或圆弧代替，如图 5-38（a）所示。当回转体零件上的平面在图形中不能充分表达时，可用两条相交的细实线表示这些平面，如图 5-38（b）所示。

在不致引起误解时，过渡线、相贯线允许简化，如用圆弧或直线代替非圆曲线，如图

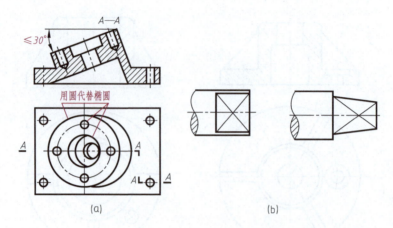

图 5-38　倾斜面和平面的简化画法

5-39 所示。

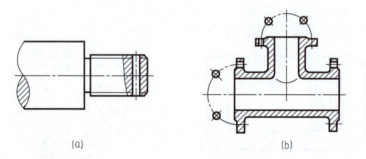

图 5-39　过渡线、相贯线的简化画法

4. 较长机件的断开画法

对于较长的机件（如轴、杆、型材、连杆等）沿长度方向的形状一致或按一定规律变化时，可将其断开后缩短绘制，但尺寸仍按机件的设计要求或实际长度标注，如图5-40 所示。

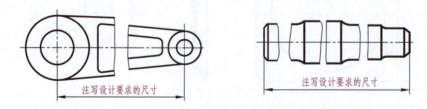

图 5-40　较长机件的断开画法

5. 较小结构的简化画法

当机件上较小的结构及斜度等已在一个图形中表达清楚时，其他图形应当简化或省略，如图 5-41（a）～（d）所示。

除确属需要表示的某些结构圆角外，其他圆角在零件图中均可不画，但必须注明尺寸，或在技术要求中加以说明，如图 5-41（e）、（f）所示。

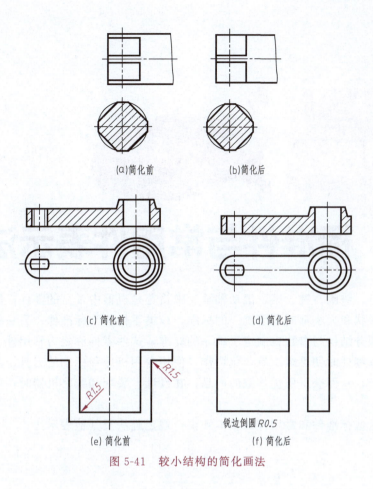

图 5-41 较小结构的简化画法

第6章 标准件与常用件表示法

螺栓、螺钉、垫圈、键、销、滚动轴承、弹簧等是机器中常见的零件，国家标准对这些零件的结构、形状和大小都制定了统一的标准，该类零件称为标准件；另一些零件，如齿轮等，对它们的部分结构与参数也制定了统一的标准，这些零件称之为常用件。由于已经标准化，故制造这些零件时便可组织专业化协作，使用专用机床和标准的刀具、量具，进行高效率、大批量生产，从而获得质优价廉的产品；在设计、装配和维修机器时，可以方便地按规格选用和更换。

主要介绍这些标准件和常用件的基本知识、规定画法及其他表示法。

6.1 螺纹及螺纹紧固件

6.1.1 螺纹

如图 6-1 的钢架是由螺纹紧固件连接而成。在绘图时，为了提高效率，对螺纹紧固件的某些结构和形状不必按其真实投影画出，而是根据相应的国家标准所规定的画法、代号和标记进行绘图和标注。

图 6-1 钢架连接

1. 螺纹的形成

螺纹是圆柱面或圆锥表面上沿着螺旋线所形成的具有规定牙型的连续凸起和沟槽。在圆柱或圆锥外表面上所形成的螺纹称外螺纹,如图 6-2(a)所示。在圆柱(或圆锥)内表面形成的螺纹称内螺纹,如图 6-2(b)所示。形成螺纹的加工方法很多,图 6-2(a)、(b)所示为在车床上车削螺纹。

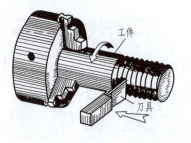
(a) 加工外螺纹

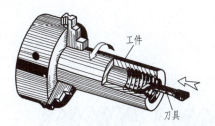
(b) 加工内螺纹

图 6-2 螺纹的加工

2. 螺纹的基本要素

螺纹的基本要素包括牙型、大径和小径、螺距和导程、线数和旋向等。

(1) 牙型

通过螺纹轴线的剖面上螺纹的轮廓形状,称为螺纹的牙型。常用的螺纹牙型有三角形、梯形、锯齿形和矩形。不同螺纹牙型,各有不同的用途。普通螺纹的基本牙型(GB/T 192—2003)如图 6-3 所示。

(2) 大径、小径和中径

如图 6-4 所示,大径是指与外螺纹牙顶或内螺纹牙底相切的假想圆柱的直径,是螺纹的公称直径(公称直径是代表螺纹尺寸的直径,是指螺纹大径的基本尺寸),内、外螺纹的大径分别用 D 和 d 表示。

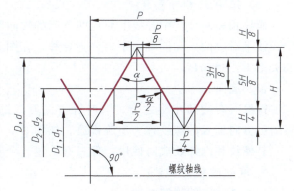

图 6-3 普通螺纹的基本牙型

H—原始三角形的高度

小径是指与外螺纹牙底或内螺纹牙顶相切的假想圆柱的直径,内、外螺纹的小径分别用 D_1 和 d_1 表示。中径是指通过牙型上沟槽和凸起宽度相等的一个假想圆柱的直径,内、外螺纹的中径分别用 D_2 和 d_2 表示。

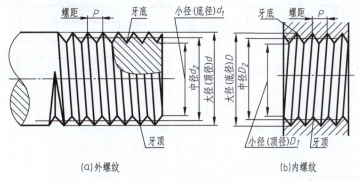

(a) 外螺纹   (b) 内螺纹

图 6-4 螺纹的直径

(3) 线数 n

螺纹有单线和多线之分。沿一条螺旋线形成的螺纹称为单线螺纹,如图 6-5(a)所示;沿两条以上螺旋线形成的螺纹称为多线螺纹,如图 6-5(b)所示。

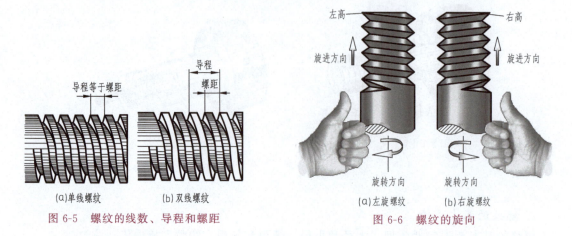

(a)单线螺纹　　(b)双线螺纹	(a)左旋螺纹　　(b)右旋螺纹
图 6-5　螺纹的线数、导程和螺距	图 6-6　螺纹的旋向

(4) 螺距 P 和导程 S

螺纹相邻两牙在中径线上对应两点间的轴向距离称为螺距。同一条螺旋线上相邻两牙在中径线上对应两点间的轴向距离称为导程,如图 6-4、图 6-5 所示。线数 n、螺距 P、导程 S 的关系为:$S=nP$。

(5) 旋向

螺纹有右旋和左旋之分。顺时针方向旋入的螺纹称为右旋螺纹,如图 6-6(b)所示;逆时针方向旋入的螺纹称为左旋螺纹,如图 6-6(a)所示。工程上常用右旋螺纹。

外螺纹和内螺纹成对使用,但只有上述五个要素都相同时,才能旋合在一起。

3. 螺纹的规定画法

(1) 外螺纹的规定画法

外螺纹的牙顶用粗实线表示,牙底用细实线表示。在不反映圆的视图上,倒角或倒圆应画出,螺纹终止线用粗实线表示。通常,螺纹的小径可按大径的 0.85 倍绘制。在投影为圆的视图中,表示牙底的细实线只画 3/4 圈,倒角圆不画,如图 6-7(a)所示。在螺纹的剖视图中,剖面线画到粗实线,如图 6-7(b)所示。

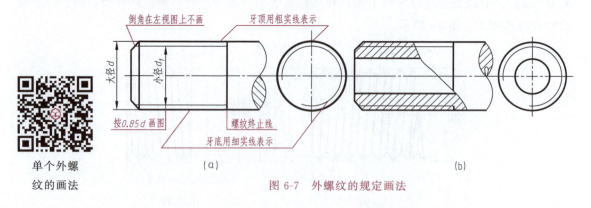

单个外螺纹的画法

图 6-7　外螺纹的规定画法

(2) 内螺纹的规定画法

在剖视图中内螺纹的牙顶用粗实线表示,牙底用细实线表示,剖面线画到粗实线。在投影为圆的视图中,牙顶线用粗实线表示,表示牙底线的细实线只画约 3/4 圈,孔口的倒角圆不画,如图 6-8 所示。

(3) 内外螺纹连接的画法

在剖视图中,内外螺纹的旋合部分按外螺纹的画法绘制,未旋合部分按各自的规定画法

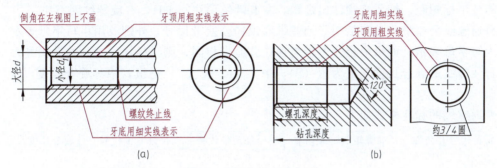

图 6-8 内螺纹的规定画法

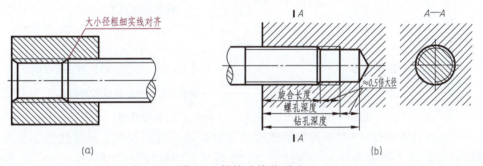

图 6-9 螺纹连接的画法

绘制,但注意表示大、小径的粗实线与细实线应分别对齐。如图 6-9 所示。

(4) 非标准螺纹的规定画法

画非标准螺纹时,应画出螺纹牙型,并标注出所需的尺寸及有关要求,如图 6-10 所示。

4. 螺纹的种类和标记

(1) 螺纹的分类

螺纹按用途可分为连接螺纹和传动螺纹两类,前者起连接作用,后者传递动力和运动。常用螺纹如下:

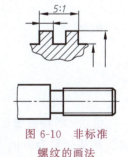

图 6-10 非标准螺纹的画法

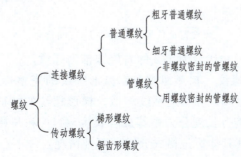

(2) 螺纹的标记

螺纹采用规定画法后,在图上看不出它的牙型、螺距、线数和旋向等结构要素,需要用标记加以说明。普通螺纹的直径与螺距见附录附表4。

① 普通螺纹　普通螺纹的完整标记由螺纹代号、公差带代号和旋合长度代号三部分组成。普通螺纹代号包括特征代号、公称直径、螺距、旋向等。普通螺纹螺距有粗牙和细牙两种,粗牙不标螺距,细牙必须注出螺距。左旋螺纹要注写LH,右旋螺纹则不注。

普通螺纹公差带代号包括中径公差带和顶径公差带代号,外螺纹用小写字母表示,内螺纹用大写字母表示。如果中径公差带与顶径公差带相同,则只标注一个公差带代号。

普通螺纹的旋合长度规定为短(S)、中(N)、长(L)三组,中等旋合长度(N)不必标注。

普通螺纹的标注格式如下:

| 特征代号 | 公称直径 | 螺矩 | × | 旋向 | — | 中径公差带代号 | 顶径公差带代号 | — | 旋合长度代号 |

例如:

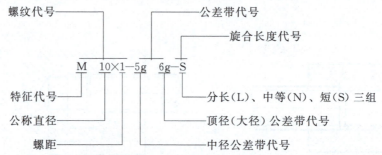

② 55°非密封管螺纹　55°非密封管螺纹的完整标记由特征代号、尺寸代号、公差等级代号和旋向代号组成。公差等级对外螺纹分A、B两级;内螺纹公差带只有一种,不加标记。

非密封管螺纹的标记格式如下:

| 螺纹特征代号 | 尺寸代号 | 公差等级代号 | — | 旋向代号 |

例如:

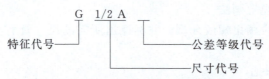

③ 55°密封管螺纹　55°密封管螺纹标记的完整标记由特征代号、尺寸代号和旋向代号组成。特征代号为:R_c表示圆锥内螺纹,R_p表示圆柱内螺纹,R_1表示与圆柱内螺纹配合的圆锥外螺纹,R_2表示与圆锥内螺纹配合的圆锥外螺纹。

密封管螺纹的标记格式如下:

| 螺纹特征代号 | 尺寸代号 | 旋向代号 |

例如:"$R_c 1/2$"表示尺寸代号为1/2的右旋圆锥内螺纹。

④ 梯形螺纹和锯齿形螺纹　梯形螺纹和锯齿形螺纹的完整标记由螺纹代号、公差带代号和旋合长度代号三部分组成,和普通螺纹相似。梯形螺纹的特征代号用Tr表示,锯齿形螺纹特征代号用B表示,旋合长度分为中等旋合长度(N)和长旋合长度(L)两种,若为中等旋合长度则不标注。其具体标记格式分以下两种情况:

第6章 标准件与常用件表示法

单线螺纹：

$$\boxed{\text{特征代号}}\;\boxed{\text{公称直径}}\times\boxed{\text{螺距}}\;\boxed{\text{旋向}}-\boxed{\text{公差带代号}}-\boxed{\text{旋合长度代号}}$$

双线螺纹：

$$\boxed{\text{特征代号}}\;\boxed{\text{公称直径}}\times\boxed{\text{导程(螺距)旋向}}-\boxed{\text{公差带代号}}-\boxed{\text{旋合长度代号}}$$

例如"Tr48×8 7e"表示单线梯形外螺纹，公称直径为 48mm，螺距为 8mm，中径公差带为 7e，中等旋合长度，右旋。

例如"B48×16（P8）LH-7H-L"表示双线锯齿形内螺纹，公称直径为 48mm，导程为 16mm，螺距为 8mm，左旋，中径公差带为 7H，长旋合长度。

（3）螺纹的标注

对标准螺纹，应标注出相应标准所规定的螺纹标记，普通螺纹、梯形螺纹和锯齿形螺纹，其标记应直接注在大径的尺寸线上或其指引线上。

管螺纹的标记一律注在指引线上，指引线应由大径引出或由中心对称处引出。

对非标准螺纹，应画出螺纹的牙型，并注出所需的尺寸及有关要求。

表 6-1 为国家标准规定的各种常用螺纹的标注示例。

表 6-1 常用螺纹的标记示例

螺纹种类		牙型	特征代号	标记示例		说明
连接螺纹	普通螺纹	60° 牙型图	M	粗牙	M10-6g	粗牙普通螺纹，公称直径 10mm，右旋。螺纹公差带：中径、大径均为 6g。旋合长度为中等的一组
				细牙	M20×1.5-7H-L	细牙普通螺纹，公称直径 20mm，螺距为 1.5mm，右旋。螺纹公差带：中径、大径均为 7H。旋合长度为长的一组
	管螺纹	55° 牙型图	G	55°非密封管螺纹	G1/2A	55°非密封圆柱外螺纹，尺寸代号 1/2，公差等级为 A 级，右旋。用引出标注
		55° 牙型图	R_p R_1 R_c R_2	55°密封管螺纹	Rc1½	55°密封的与圆锥外螺纹旋合的圆锥内螺纹，尺寸代号 1½，右旋。用引出标注。与圆锥内螺纹旋合的圆锥外螺纹的特征代号为 R_2。圆柱内螺纹与圆锥外螺纹旋合时，前者和后者的特征代号分别为 R_p 和 R_1
传动螺纹	梯形螺纹	30° 牙型图	Tr		Tr40×14(p7)LH-7H	梯形螺纹，公称直径 40mm，双线螺纹，导程 14mm，螺距 7mm，左旋（代号为 LH）。螺纹公差带：中径为 7H。旋合长度为中等的一组

续表

螺纹种类		牙型	特征代号	标记示例	说明
传动螺纹	锯齿形螺纹		B		锯齿形螺纹，公称直径32mm，单线螺纹，螺距6mm，右旋。螺纹公差带：中径为7e。旋合长度为中等的一组

6.1.2 螺纹紧固件

1. 常用螺纹紧固件及其标记

常用螺纹紧固件有螺栓、螺柱、螺钉、螺母和垫圈等，均为标准件。表 6-2 为常用螺纹紧固件的标注示例。螺纹紧固件各部位尺寸见附录附表 5～附表 13。

表 6-2 常用螺纹紧固件的标记示例

名称	视图	规定标记	标记示例
六角头螺栓		名称　标准代号 螺纹代号×长度	螺栓 GB/T 5782—2000 M12×50
六角螺母		名称　标准代号 螺纹代号	螺母 GB/T 6170—2000 M12
平垫圈		名称　标准代号　公称尺寸	垫圈 GB/T 97.2—2002 24
双头螺柱		名称　标准代号　类型 螺纹代号×长度	螺柱 GB/T 897—1988 AM10×50
开槽盘头螺钉		名称　标准代号 螺纹代号×长度	螺钉 GB/T 67—2000 M5×20

2. 螺纹紧固件的连接画法

螺纹紧固件的结构形式和尺寸都可在有关标准中查得，根据螺纹紧固件的标记，可在相应的标准中查得各有关尺寸后作螺纹紧固件的连接图。为作图方便，画图时一般不按实际尺寸作图，而是采用按比例画出的简化画法。

图 6-11 为螺栓、螺母、垫圈和螺钉的比例画法，除螺栓的公称长度 L 需要计算，并查有关标准选定标准值外，其余各部分尺寸都按与螺纹公称直径 d（或 D）成一定比例确定。

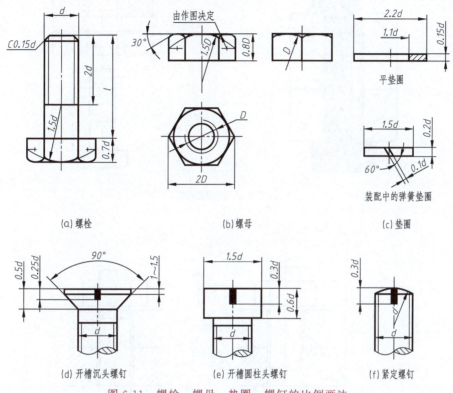

图 6-11　螺栓、螺母、垫圈、螺钉的比例画法

（1）螺栓连接

螺栓适用于连接两个不太厚的并能钻成通孔的零件。连接时将螺栓穿过被连接两零件的光孔（孔径按 $1.1d$ 画出），套上垫圈，再用螺母拧紧，如图 6-12（a）所示。图 6-12（b）表示螺栓连接的规定画法；也可采用图 6-12（c）所示的简化画法，螺栓头部和螺母的倒角省略不画。

对于螺栓的公称长度 l，应先查阅垫圈、螺母的有关标准，得出 h 和 m_{max}，再加上被连接零件厚度，经过计算后选定。

螺栓长度 l 由下式计算：

$$l \geqslant \delta_1 + \delta_2 + 0.15d(垫圈厚度\ h) + 0.8d(螺母厚度\ m) + a(螺栓伸出螺母的长度)$$

其中 a 是螺栓伸出螺母的长度，一般可取 $0.3d$ 左右。由上式计算得出 l 的数值后，在螺栓标准长度的公称系列中，选取一个与之相等或略大的标准值。

画螺栓连接装配图时应注意以下问题：

① 在剖视图中，当剖切平面通过螺栓轴线时，螺栓、螺母、垫圈均按不剖绘制。

② 被连接零件的孔径必须大于螺栓的大径（$\approx 1.1d$），否则在组装时螺栓装不进通孔。

③ 螺栓的螺纹终止线必须画到垫圈之下，否则螺母可能拧不紧。

（2）螺柱连接

当两个被连接的零件中，有一个较厚或不宜用螺栓连接时，常采用螺柱连接。螺柱两端都有

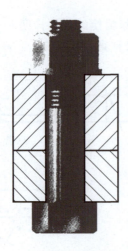
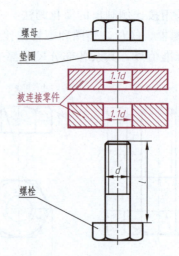
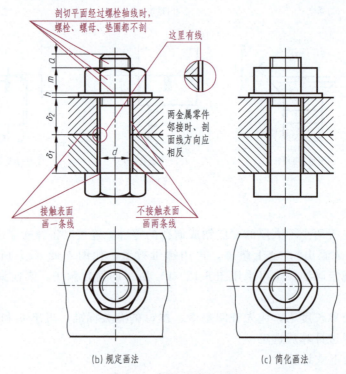

图 6-12 螺栓连接的画法

螺纹，一端（旋入端）全部旋入较厚零件的螺孔中，另一端（紧固端）穿过较薄零件上的通孔，套上垫圈，再用螺母拧紧，如图 6-13（a）所示。螺柱连接的规定画法如图 6-13（b）所示。

如图 6-13（b）所示，螺柱的公称长度 l 可由下式计算：

$$l \geqslant \delta + 0.15d(垫圈厚度) + 0.8d(螺母厚度) + 0.3d$$

由计算所得结果选取相近的标准公称长度。旋入端长度 b_m 由带螺孔的零件材料决定，钢或青铜 $b_m = d$，铸铁 $b_m = 1.25d$ 或 $1.5d$，铝合金 $b_m = 2d$。

画螺柱连接装配图时应注意以下问题：

① 为了保证连接牢固，应使旋入端完全旋入螺孔中，画图时螺柱旋入端的螺纹终止线应与螺纹孔口端面平齐，如图 6-13（a）所示。

② 被连接零件上的螺孔深度应稍大于 b_m，一般取螺纹长度加 0.5d。

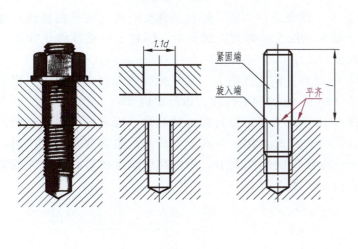

(a) 螺柱连接　　　　　　　　　　　　(b) 螺柱连接规定画法

图 6-13　螺柱连接的画法

（3）螺钉连接

适用于受力不大的零件之间的连接。被连接的零件中的一个为通孔，另一个为不通的螺纹孔，如图 6-14（a）所示。螺钉连接的画法根据螺钉头部的形状不同而有多种形式。它们的画法如图 6-14（b）、(c) 所示。

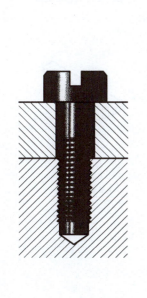 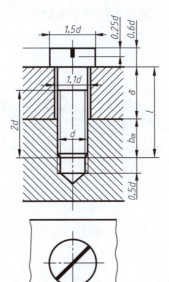 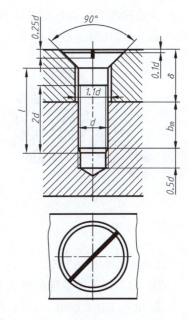

(a) 螺钉连接　　　　　(b) 开槽圆柱头螺钉　　　　　(c) 开槽沉头螺钉

图 6-14　螺钉连接的画法

画螺钉连接装配图时应注意以下问题：

① 螺钉的公称长度 l 由下式计算：

$$l \geqslant \delta + b_m$$

按上式计算出的长度，查标准选取公称长度 l。

② 旋入端长度 b_m 与螺柱旋入长度相同。

③ 为了保证连接牢固，螺钉的螺纹长度与螺孔的螺纹长度都应大于旋入端深度。即装入螺钉后，螺钉上的螺纹终止线必须画在螺纹孔口之上。

④ 在投影为圆的视图上，圆柱头开槽螺钉头部的一字槽应画成与水平线成 45°的加粗斜线。如图 6-14 (b)、(c) 所示。

图 6-15 所示为紧定螺钉的连接画法。紧定螺钉通常起固定两个零件相对位置的作用，不致产生滑移或脱落现象。使用时，螺钉拧入一个零件的螺纹孔中，并将其尾端压在另一个零件的凹坑或插入另一个零件的小孔中。

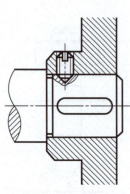

图 6-15 紧定螺钉连接的规定画法

6.2 键连接及销连接

6.2.1 键及其标注

键连接是一种可拆连接。键主要用于轴和轴上的零件（如齿轮、皮带轮等）间的连接，以传递扭矩，如图 6-16 (a) 所示。

键是标准件，常用的键有普通型平键、普通型半圆键等。普通平键有三种结构型式：A 型（圆头）、B 型（平头）、C 型（单圆头），如图 6-16 (b)、(c) 所示。

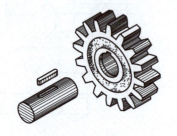 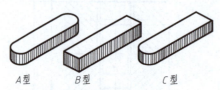

(a) 键连接　　　　(b) 普通型平键　　　　(c) 普通型半圆键

图 6-16 键连接

1. 普通平键的标记

图 6-17 是普通平键的型式和尺寸。

例如：GB/T 1096—2003 键 18×11×100

表示 $b=18$mm、$h=11$mm、$l=100$mm 的 A 型普通平键（A 型普通平键的型号 A 可省略不注）。

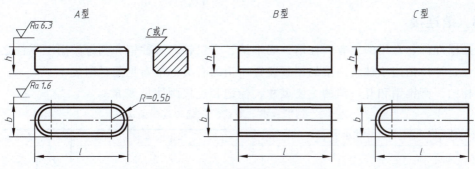

图 6-17　普通平键的型式和尺寸

2. 键槽的画法及尺寸标注

当采用普通平键时，键槽的宽度 b 可根据轴的直径 d 查表确定，轴上的槽深 t_1 和轮毂上的槽深 t_2 可从键的标准中查得，键的长度 l 应小于或等于轮毂的长度。键槽的画法和尺寸标注如图 6-18 所示。

平键和键槽的尺寸与公差见附录附表 14。

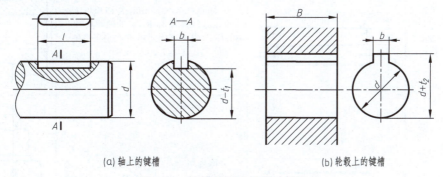

(a) 轴上的键槽　　　　　　　(b) 轮毂上的键槽

图 6-18　键槽的画法和尺寸标注

6.2.2　键连接

图 6-19 是普通平键连接的规定画法。

当剖切平面通过轴线或对称面时，键和轴按不剖绘制。但当键被剖切面横向剖切时，键按剖视绘制。键的上表面和轮毂上键槽的底面为非接触面，应画两条线。

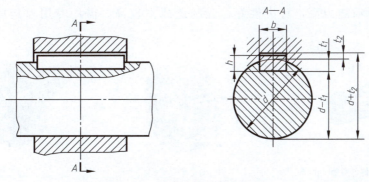

图 6-19　平键连接的规定画法

6.2.3 销连接

销是标准件，常用的销有圆柱销、圆锥销、开口销，圆柱销和圆锥销用于零件之间的连接或定位，开口销用于螺纹连接的锁紧装置，销的有关标准参见附录附表15。

圆柱销、圆锥销和开口销的主要尺寸、标记和连接画法见表6-3。

表6-3 销的种类、型式、标记和连接画法

名称及标准号	主要尺寸	标记示例	连接画法
圆柱销 GB/T 119.1—2000		公称直径 $d=10$mm，公差为m6，公称长度 $l=80$mm，材料为钢，不经淬火、不经表面处理的圆柱销： 销 GB/T 119.1 10m6×80	
圆锥销 GB/T 117—2000		公称直径 $d=10$mm，公称长度 $l=100$mm，材料为35钢，热处理硬度28~38HRC，表面氧化处理的A型圆锥销： 销 GB/T 117 10×100	
开口销 GB/T 91—2000		公称规格为4mm（指销孔直径），公称长度 $l=20$mm，材料为Q215或Q235，不经表面处理的开口销： 销 GB/T 91 4×20	

6.2.4 花键表示法

花键连接承载能力高，对中性好，但制造成本较高，需用专用刀具加工，如图6-20所示。

(a) 外花键(花键轴)　　(b) 内花键(花键孔)　　(c) 花键连接

图6-20 花键连接

花键连接适用于定心精度要求高、传递转矩大或经常滑移的连接。

1. 矩形花键画法

外花键大径用粗实线、小径用细实线绘制，并在断面图中画出一部分或全部齿形，外花键工作长度的终止端和尾部长度的末端均用细实线绘制，并与轴线垂直，尾部则画成斜线，其倾斜角度一般与轴线成 30°，必要时，可按实际情况画出，如图 6-21 所示。

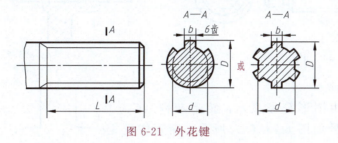

图 6-21　外花键

内花键大径及小径均用粗实线绘制，并在局部视图中画出一部分或全部齿形，如图 6-22 所示。

外花键局部剖视的画法如图 6-23 所示，垂直于花键轴线的投影面的视图的画法如图 6-24 所示。大径、小径及键宽采用一般尺寸标注时，其注法如图 6-21、图 6-22 所示。

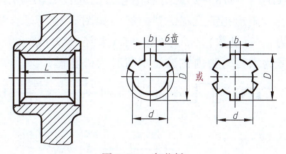

图 6-22　内花键

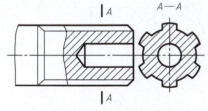

图 6-23　外花键局部剖视

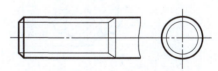

图 6-24　外花键视图

2. 渐开线花键

除分度圆及分度线用细点画线绘制外，其余部分与矩形花键画法相同，如图 6-25 所示。

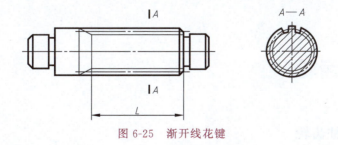

图 6-25　渐开线花键

3. 花键连接画法

花键连接用剖视图或断面图表示时，其连接部分按外花键的绘制，矩形花键的连接画法见图 6-26，渐开线花键的连接画法见图 6-27。

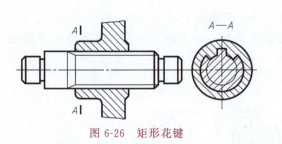

图 6-26 矩形花键　　　　　　图 6-27 渐开线花键

4. 花键的标注

花键的类型由图形符号表示，矩形花键（GB/T 1144）的图形符号如图 6-28（a）所示，渐开线花键（GB/T 3478.1）的图形符号如图 6-28（b）所示。

矩形花键及花键副的标注如图 6-29 所示。标记顺序为：N（键数）$\times d$（小径）$\times D$（大径）$\times B$（键宽）。字母代号为大写时为内花键，小写时为外花键。

图 6-28 花键图形符号

【例】⊓ $6\times 23\dfrac{H7}{f7}\times 26\dfrac{H10}{a11}\times 6\dfrac{H11}{d10}$ GB/T 1144—2001

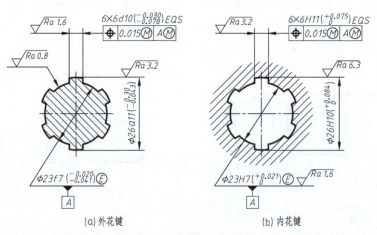

(a) 外花键　　　　　　(b) 内花键

图 6-29 花键的标注实例

6.3 齿轮

6.3.1 直齿圆柱齿轮

齿轮是广泛用于机器或部件中的传动零件，它不仅可以用来传递动力，还能改变转速和旋转方向。齿轮的轮齿部分结构与参数已标准化，属于常用件。

图 6-30 是齿轮传动中常见的三种类型。圆柱齿轮常用于两平行轴之间的传动,如图 6-30(a)所示;锥齿轮常用于两相交轴之间的传动,如图 6-30(b)所示;蜗轮蜗杆则用于两垂直交叉轴之间的传动,如图 6-30(c)所示。

圆柱齿轮的轮齿有直齿、斜齿和人字齿等。

(a) 圆柱齿轮

(b) 圆锥齿轮

(c) 蜗轮蜗杆

图 6-30 齿轮传动的常见类型

1. 直齿圆柱齿轮的几何要素及尺寸关系

直齿圆柱齿轮的各部分名称和代号如图 6-31 所示。

(1) 齿顶圆　通过轮齿顶部的圆,其直径用 d_a 表示。

(2) 齿根圆　通过轮齿根部的圆,其直径用 d_f 表示。

(3) 分度圆　是一个约定的假想圆,在该圆上,齿厚 s 等于齿槽宽 e(s 和 e 均指弧长)。分度圆直径用 d 表示,它是设计、制造齿轮时计算各部分尺寸的基准圆。

(4) 齿距　分度圆上相邻两齿廓对应点之间的弧长,用 p 表示。

(5) 齿高　轮齿在齿顶圆与齿根圆之间的径向距离,用 h 表示。

齿顶高:齿顶圆与分度圆之间的径向距离,用 h_a 表示。

齿根高:齿根圆与分度圆之间的径向距离,用 h_f 表示。

全齿高:$h = h_a + h_f$。

(6) 中心距　两啮合齿轮轴线之间的距离,用 a 表示,如图 6-32 所示。

2. 直齿圆柱齿轮的基本参数

(1) 齿数 z　齿轮上轮齿的个数。

(2) 模数 m　齿轮的分度圆周长 $\pi d = zp$,则 $d = pz/\pi$,令 $p/\pi = m$,则 $d = mz$。所以模数是齿距 p 与圆周率 π 的比值,即 $m = p/\pi$,单位为 mm。

模数是设计、制造齿轮的重要参数。模数大,轮齿就大,因而齿轮的承载能力也大。为了便于齿轮的设计和制造,模数已经标准化,我国规定的标准模数值见表 6-4。

表 6-4　齿轮模数系列

第一系列	1	1.25	1.5	2	2.5	3	4	5	6	8	10	12
第二系列	1.125	1.375	1.75	2.25	2.75	3.5	4.5	5.5	(6.5)	7	9	(11)

(3) 啮合角 α　是指啮合两齿轮的轮齿齿廓在节点的公法线与两节圆的公切线所夹的锐角,称啮合角,也称压力角,用 α 表示,如图 6-32 所示。标准齿轮的啮合角为 20°,因此只要模数和啮合角相等的齿轮才能相互啮合。

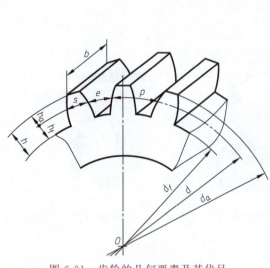

图 6-31　齿轮的几何要素及其代号

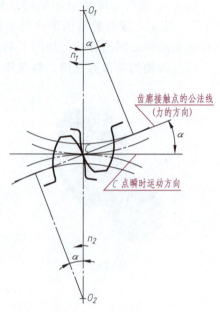

图 6-32　齿轮传动图

3. 直齿圆柱齿轮各部分尺寸的计算公式

齿轮的基本参数 z、m、$α$ 确定以后，齿轮各部分尺寸可按表 6-5 中的公式计算。

表 6-5　直齿圆柱齿轮几何要素的尺寸计算

名称	代号	计算公式
齿顶高	h_a	$h_a = m$
齿根高	h_f	$h_f = 1.25m$
齿高	h	$h = 2.25m$
分度圆直径	d	$d = mz$
齿顶圆直径	d_a	$d_a = m(z+2)$
齿根圆直径	d_f	$d_f = m(z-2.5)$
中心距	a	$a = \frac{1}{2}(d_1+d_2) = \frac{1}{2}m(z_1+z_2)$

4. 单个圆柱齿轮的规定画法

如图 6-33 所示单个圆柱齿轮的规定画法。齿顶圆和齿顶线用粗实线绘制，分度圆和分度线用点画线绘制，齿根圆和齿根线用细实线绘制（也可以省略不画），如图 6-33（a）所

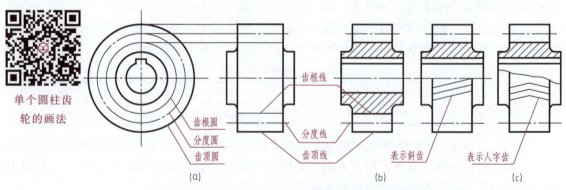

单个圆柱齿轮的画法

图 6-33　单个圆柱齿轮的画法

示;在剖视图中,当剖切平面通过齿轮的轴线时,轮齿一律按不剖处理,齿根线画成粗实线,如图 6-33(b)所示。当需要表示斜齿或人字齿的齿线形状时可用三条与齿线方向一致的细实线表示,如图 6-33(c)所示。

图 6-34 为直齿圆柱齿轮零件图。

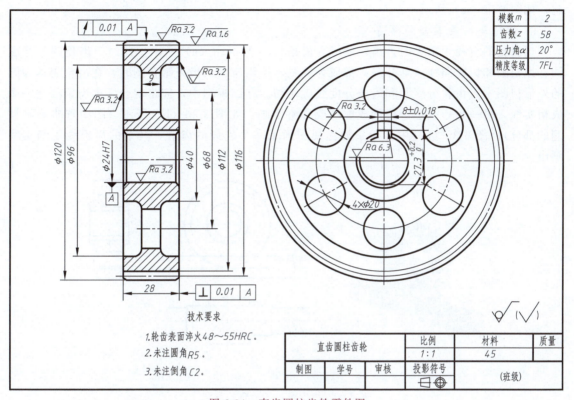

图 6-34　直齿圆柱齿轮零件图

5. 两圆柱齿轮啮合的规定画法

两标准齿轮互相啮合时,两齿轮分度圆处于相切的位置,此时分度圆又称为节圆。

如图 6-35 所示两齿轮的啮合画法。在垂直于圆柱齿轮轴线的投影面上的视图中,两齿轮的分度圆相切,啮合区内齿顶圆均用粗实线绘制,如图 6-35(a)的左视图所示;也可以

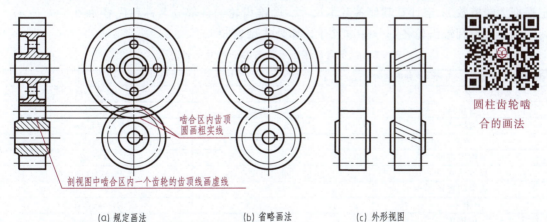

图 6-35　圆柱齿轮的啮合画法

省略不画，如图 6-35（b）所示。在剖视图中，当剖切平面通过两啮合齿轮轴线时，在啮合区内，将一个齿轮的轮齿用粗实线绘制，另一个齿轮的轮齿被遮挡的部分用虚线绘制，如图 6-35（a）的主视图所示，被遮挡的部分也可省略不画。在平行于圆柱齿轮轴线的投影面的外形视图中，啮合区的齿顶线不需画出，分度线用粗实线绘制，其他的分度线仍用点画线绘制，如图 6-35（c）所示。

6. 齿轮与齿条啮合的画法

当齿轮的直径无限大时，齿轮就成为齿条，如图 6-36（a）所示。此时，齿顶圆、分度圆、齿根圆和齿廓曲线（渐开线）都成为直线。绘制齿轮、齿条啮合图时，在齿轮表达为圆的外形视图中，齿轮分度圆和齿条分度线应相切。在剖视图中，应将啮合区内齿顶线之一画成粗实线，另一轮齿被遮部分画成虚线或省略不画，如图 6-36（b）所示（图中省略不画被遮的部分）。图 6-36（b）中，齿条的主视图画了一个轮齿的齿廓，其余的齿根线用细实线画出。

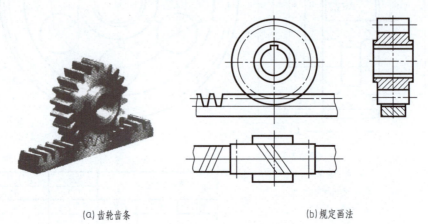

(a) 齿轮齿条　　　　　　　　　　(b) 规定画法

图 6-36　齿轮、齿条啮合的画法

6.3.2　直齿圆锥齿轮

1. 直齿锥齿轮的基本参数

圆锥齿轮的轮齿是在圆锥面上加工的，因而一端大，一端小。为了计算和制造方便，规定根据大端模数 m 来计算其他各基本尺寸。圆锥齿轮的各部分名称和代号如图 6-37 所示。标准直齿圆锥齿轮各部分基本尺寸计算公式见表 6-6。

表 6-6　标准直齿圆锥齿轮各部分尺寸的计算公式

基本参数：模数 m　齿数 z　分度圆锥角 δ		
名称	符号	计算公式
齿顶高	h_a	$h_a = m$
齿根高	h_f	$h_f = 1.2m$
齿高	h	$h = 2.2m$
分度圆直径	d	$d = mz$
齿顶圆直径	d_a	$d_a = m(z + 2\cos\delta)$
齿根圆直径	d_f	$d_f = m(z - 2.4\cos\delta)$
锥距	R	$R = mz/2\sin\delta$
齿顶角	θ_a	$\tan\theta_a = 2\sin\delta/z$
齿根角	θ_f	$\tan\theta_f = 2.4\sin\delta/z$

续表

名称	符号	计算公式
分度圆锥角	δ	当 $\delta_1+\delta_2=90°$ 时，$\tan\delta_1=z_1/z_2$
顶锥角	δ_a	$\delta_a=\delta+\theta_a$
根锥角	δ_f	$\delta_f=\delta-\delta_f$
背锥角	δ_v	$\delta_v=90°-\delta$
齿宽	b	$b\leqslant R/3$

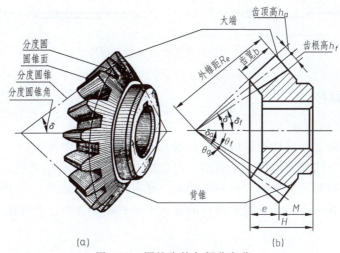

图 6-37 圆锥齿轮各部分名称

2. 直齿锥齿轮的规定画法

如图 6-38 所示，单个直齿锥齿轮主视图常采用全剖视，在投影为圆的视图中规定用粗实线画出大端和小端的齿顶圆，用点画线画出大端分度圆。齿根圆及小端分度圆均不必画出。

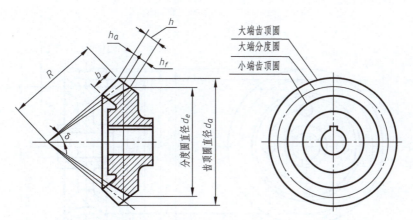

图 6-38 单个锥齿轮的规定画法

如图 6-39 所示，锥齿轮啮合的主视图画成全剖视图，由于两齿轮的节圆锥面相切，所以其节线重合，用点画线画出；在啮合区内，应将其中一个齿轮的齿顶线画成粗实线，而将另一个齿轮的齿顶线画成虚线或省略不画。

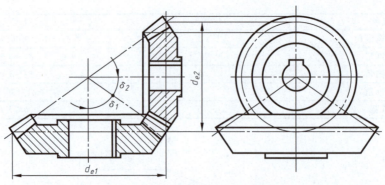

图 6-39 锥齿轮啮合的规定画法

6.3.3 蜗轮与蜗杆

1. 蜗轮、蜗杆的画法

蜗杆、蜗轮的画法与圆柱齿轮的画法基本相同。

蜗杆的主视图上用局部剖视表示齿形，齿顶圆（齿顶线）画粗实线，分度圆（分度线）用点画线画出，齿根圆（齿根线）用细实线画出或省略不画，如图 6-40 所示。

蜗轮通常用剖视图表达，在投影为圆的视图中，只画分度圆、最外圆，如图 6-41 所示。

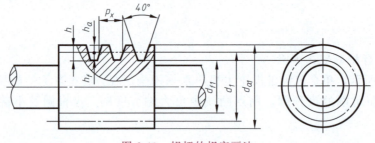

图 6-40 蜗杆的规定画法

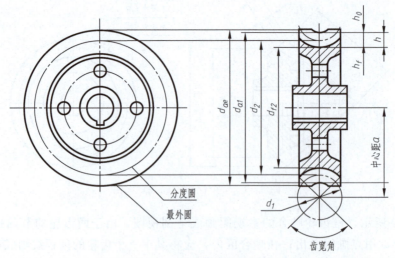

图 6-41 蜗轮的规定画法

2. 蜗轮与蜗杆啮合的画法

图 6-42 蜗杆与蜗轮的啮合画法,其中图(b)为蜗杆与蜗轮啮合时剖视画法,图(a)为啮合时的外形视图。

画图时要保证蜗杆、蜗轮的分度圆相切。在外形图中,在蜗轮投影不为圆的视图中,蜗轮被蜗杆遮挡部分不画;在蜗轮投影为圆的视图中,蜗杆、蜗轮啮合区的齿顶圆都用粗实线画出。

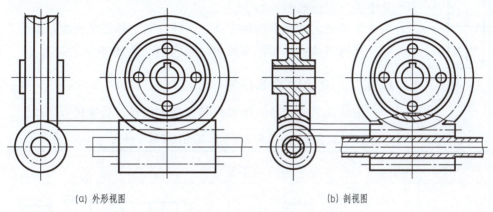

(a) 外形视图 (b) 剖视图

图 6-42 蜗轮与蜗杆啮合的规定画法

6.4 滚动轴承

6.4.1 滚动轴承的结构和类型

滚动轴承是一种支承旋转轴的组件。它具有摩擦小、结构紧凑的优点,已被广泛使用在机器或部件中,滚动轴承也是标准件。

滚动轴承的种类很多,但其结构大体相同,滚动轴承一般由外圈、内圈、滚动体及保持架组成,通常外圈装在机座的孔内,固定不动,而内圈套在转动的轴上,随轴转动。

图 6-43 所示为按承受载荷方向不同的三种滚动轴承。

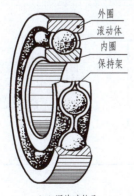 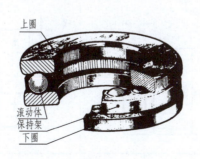 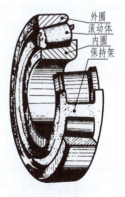

(a) 深沟球轴承 (b) 推力球轴承 (c) 圆锥滚子轴承

图 6-43 滚动轴承的结构

6.4.2 滚动轴承的画法

滚动轴承应按 GB/T 4459.7—1998 中的规定绘制，即在装配图中，当不需要确切地表示滚动轴承的形状和结构时，可采用简化画法和规定画法来绘制。简化画法又可采用通用画法或特征画法来表示，其中通用画法如图 6-44 所示。

常用的滚动轴承的规定画法、特征画法和装配画法，见表 6-7。

常用滚动轴承的标准见附录附表 16～附表 18。

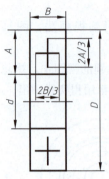

图 6-44 滚动轴承的通用画法

6.4.3 滚动轴承的代号

滚动轴承的代号由前置代号、基本代号、后置代号组成。

表 6-7 滚动轴承的规定画法、特征画法及装配画法

名称和标准号	查表主要数据	画法		
		规定画法	特征画法	装配画法
60000 型 深沟球轴承 GB/T 276—1994	D d B			
30000 型 圆锥滚子轴承 GB/T 297—1994	D d B T C			
51000 型 推力球轴承 GB/T 301—1995	D d T			

1. 滚动轴承（不包括滚针轴承）的基本代号

外形尺寸符合标准规定的滚动轴承，其基本代号由轴承类型代号、尺寸系列代号、内径系列代号组成。

(1) 轴承类型代号 用数字或字母表示，见表 6-8。

(2) 尺寸系列代号 尺寸系列代号由轴承的宽（高）度系列代号和直径系列代号组合而成，用两位阿拉伯数字表示。它的主要作用是区别内径相同而宽度和外径不同的轴承，具体代号需查阅相关标准。

表 6-8 轴承类型代号

代号	0	1	2	3	4	5	6	7	8	N	U	QJ
轴承类型	双列角接触球轴承	调心球轴承	调心滚子轴承和	推力调心滚子轴承	圆锥滚子轴承	双列深沟球轴承	推力球轴承	深沟球轴承	角接触球轴承	推力圆柱滚子轴承	圆柱滚子轴承	外球面球轴承	四点接触球轴承

(3) 内径代号

内径代号表示轴承的公称内径，一般用两位阿拉伯数字表示：

代号数字为 00、01、02、03 时，分别表示轴承内径 $d=10$、12、15、17 （mm）；

代号数字为 04 至 96 时，轴承内径为代号数字乘 5；

轴承公称内径为 1 至 9、大于或等于 500 以及 22、28、32 时，用公称内径的毫米数直接表示，但与尺寸系列之间用 "/" 隔开。

2. 前置、后置代号

前置、后置代号是轴承在结构形状、尺寸、公差、技术要求等有改变时，在其基本代号左右添加的补充代号。前置代号置于基本代号左边，用数字表示，后置代号置于基本代号右边，用字母（或加数字）表示。

滚动轴承的基本代号举例说明如下：

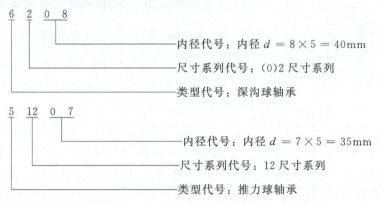

6.5 弹簧

弹簧是用途很广的零件。它主要用于减震、夹紧、储存能量和测力等方面。弹簧的特点是去掉外力后，能立即恢复原状。常用的弹簧如图 6-45 所示。下面仅介绍普通圆柱螺旋压缩弹簧的画法和尺寸计算。

6.5.1 圆柱螺旋压缩弹簧各部分名称及尺寸计算

由图 6-46 所示圆柱螺旋压缩弹簧的参数及其有关的尺寸计算如下：

(a) 压缩弹簧　　(b) 拉伸弹簧　　(c) 扭转弹簧　　(d) 平面蜗卷弹簧

图 6-45　常用的弹簧

(1) 簧丝直径 d　弹簧钢丝直径。

(2) 弹簧外径 D_2　弹簧最大直径。

(3) 弹簧内径 D_1　弹簧最小直径。

(4) 弹簧中径 D　弹簧平均直径，

$$D=\frac{D_2+D_1}{2}=D_2-d=D_1+d$$

(5) 节距 t　除支承圈外，相邻两有效圈上对应点之间的轴向距离。

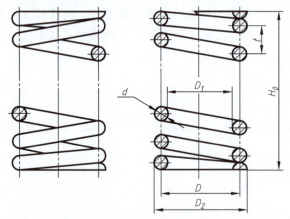

图 6-46　圆柱螺旋压缩弹簧

(6) 有效圈数 n、支承圈数 n_2 和总圈数 n_1　为了使螺旋压缩弹簧工作时受力均匀，增加弹簧的平稳性，将弹簧的两端并紧、磨平。并紧、磨平的圈数主要起支承作用称为支承圈。图 6-46 所示的弹簧，两端各有 $1\frac{1}{4}$ 圈为支承圈，即 $n_2=2.5$。保持相等节距的圈数，称为有效圈数。有效圈数与支承圈数之和称为总圈数，即 $n_1=n+n_2$。

(7) 自由高度 H_0　弹簧在不受外力作用时的高度（或长度），$H_0=nt+(n_2-0.5)d$。

(8) 展开长度 L　制造弹簧时坯料的长度。由螺旋线的展开可知

$$L\approx n_1\sqrt{(\pi D_2)^2+t^2}$$

6.5.2　圆柱螺旋压缩弹簧的画法

对于两端并紧、磨平的压缩弹簧，不论支承圈的圈数多少和端部并紧情况如何，都可按图 6-47 所示的形式画出。

圆柱螺旋压缩弹簧的画法如图 6-46 和图 6-47 所示。

(1) 弹簧在平行于轴线投影面上的视图中，各圈的投影转向轮廓线画成直线，如图 6-46 的左图或右图所示。

(2) 有效圈数在四圈以上的弹簧，中间各圈可省略不画。当中间部分省略后，可适当缩短图形的长度，但应注明弹簧设计要求的自由高度，如图 6-46 所示。

(3) 在装配图中，被弹簧挡住的结构一般不画出，可见部分应从弹簧的外轮廓线或从弹

第6章 标准件与常用件表示法

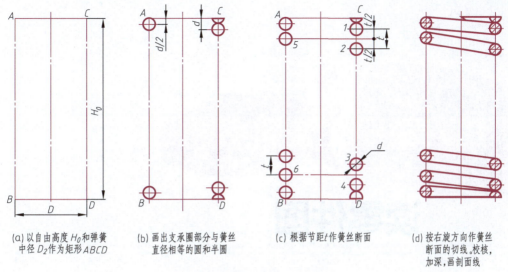

(a) 以自由高度 H_0 和弹簧中径 D_2 作为矩形 $ABCD$

(b) 画出支承圈部分与簧丝直径相等的圆和半圆

(c) 根据节距 t 作簧丝断面

(d) 按右旋方向作簧丝断面的切线。校核，加深，画剖面线

图 6-47 圆柱螺旋压缩弹簧的画图步骤

簧钢丝断面的中心线画起，如图 6-48（a）所示。

（4）在装配图中，弹簧被剖切时，如果弹簧钢丝断面的直径，在图形上等于或小于 2mm 时，断面可以涂黑表示，如图 6-48（b）所示；也可用示意画法，如图 6-48（c）所示。

（5）在图样上，螺旋弹簧均可画成右旋，但左旋螺旋弹簧不论画成左旋或右旋，一律要加注"LH"。

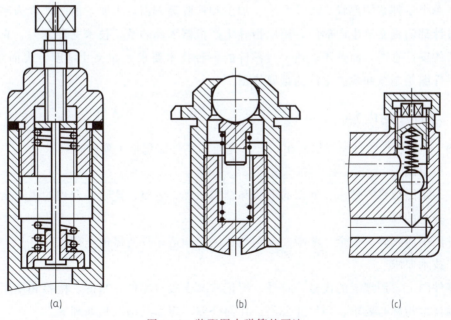

图 6-48 装配图中弹簧的画法

第7章 读零件图

7.1 零件图的作用和内容

7.1.1 零件图的作用

表达单个零件结构形状、尺寸大小、加工和检验等方面技术要求的图样称为零件图。零件图是设计部门提交给生产部门,用以指导生产机器零件的重要技术文件之一。它不仅反映了设计者的设计意图,而且还表达了对零件的各种技术要求,如尺寸精度、表面粗糙度等。所以,零件图是制造和检验零件的重要依据。

7.1.2 零件图的内容

从图 7-1 传动轴零件图可以看出,一张完整的零件图包括下列内容:

(1) 一组图形

通过一组图形将零件内、外部的形状和结构正确、完整、清晰、合理的表达出来。

(2) 齐全的尺寸

零件图中应正确、齐全、清晰、合理地标注出制造零件所需的全部尺寸。

(3) 技术要求

在零件图上,用规定的代号、符号、标记或文字表示零件在制造、检验和使用时所应达到的各项技术指标与要求,如尺寸公差、几何公差、表面结构和热处理等。

(4) 标题栏

在零件图的右下角画出标题栏。填写零件的名称、材料、重量、图号、比例以及制图审核人员责任签字等。

第7章 读零件图

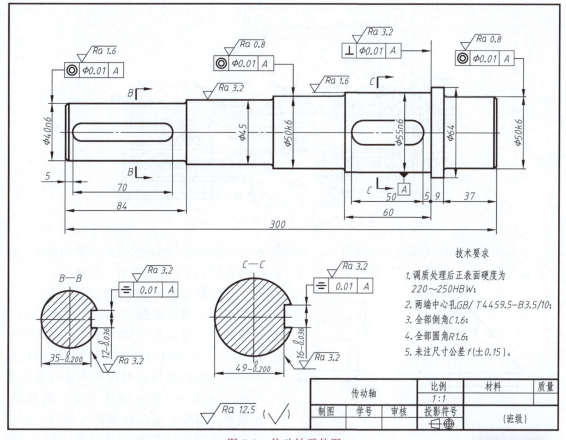

图 7-1 传动轴零件图

7.2 零件的视图表达方案

零件图的内容

7.2.1 零件的视图选择原则

首先要对零件的结构形状特点进行分析,并尽可能了解零件在机器或部件中的位置、作用和它的加工方法,然后灵活地选择视图、剖视图、断面图等表示法。解决表达零件结构形状的关键是恰当地选择主视图和其他视图,确定一个比较合理的表达方案。

1. 主视图的选择

主视图的选择一般应考虑零件的安放位置和视图投影方向。

(1) 零件的安放状态

零件的安放状态应符合零件的加工位置或工作位置。

零件图的主视图应尽可能与零件在机械加工时所处的位置一致,如加工轴、套、轮、圆盘等零件,大部分工序是在车床或磨床上进行的,因此,这类零件的主视图应将其轴线水平放置(加工量大的在右端),以便于加工时看图,如图 7-2 所示。

汽车零部件识图

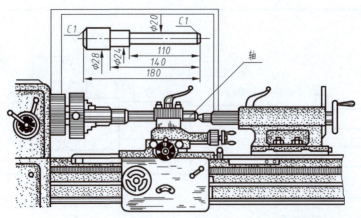

图 7-2 加工位置原则

但有些零件形状比较复杂，如箱体、叉架等加工状态各不相同，需要在不同的机床上加工，其主视图宜尽可能选择零件的工作状态（在部件中工作时所处的位置）绘制。

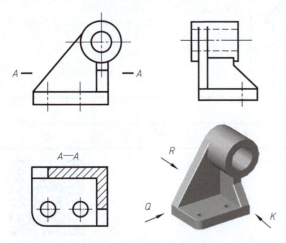

图 7-3 支座的主视图选择

（2）确定主视图的投射方向

选择主视图投射方向的原则是所画主视图能较明显地反映该零件主要形体的形状特征。主视图的选择应尽可能多地反映零件的各组成部分的结构形状特征和位置特征。如图 7-3 所示中的支座，由圆筒、连接板、底板、支撑肋四部分组成，所选择的主视图方向 K 较其他方向（如 Q、R 方向）更清楚地显示了该支座各部分形状、大小及层次位置关系。

2. 其他视图的选择

主视图确定以后，要分析该零件上还有哪些结构形状未表达清楚，再考虑如何将主视图上未表达清楚的部位辅以其他视图表达，并使每个视图都有表达重点。在选择视图时，应优先选用基本视图以及在基本视图上作剖视，并尽可能按投射方向配置各视图，尽量避免使用细虚线。总之，要首先考虑看图方便，在充分表达清楚零件结构形状的前提下，尽可能减少视图数量，力求制图简便。

7.2.2 典型零件表达方案分析

1. 轴套类零件

在机器中，轴类零件一般起支承传动件和传递动力的作用，套类零件一般起支承、轴向定位、连接或传动作用。如图 7-4 所示为铣刀头轴的零件图，通过分析可以了解轴套类零件的结构特点和表达方法。

（1）轴套类零件的结构特点

轴套类零件大多数是由同轴回转体组成，其上沿轴线方向通常设计有轴肩、倒角、螺纹、退刀槽、砂轮越程槽、键槽、销孔、凹坑、中心孔等结构。如图 7-4 所示，铣刀头轴上

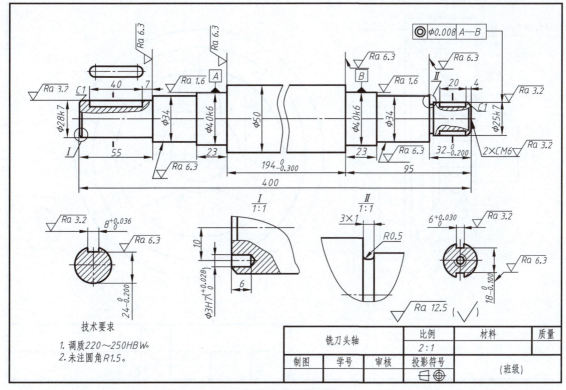

图 7-4 铣刀头轴零件图

设计有倒角、键槽、越程槽、轴肩、销孔等。

（2）轴套类零件的表达方法

① 由于此类零件主要在车床或磨床上加工，为便于加工时读图方便，轴套类零件主视图选择其加工位置，即轴线水平放置。

② 轴类零件一般为实心件，因此主视图一般选视图表达，不选全剖视图。套类零件是中空的，主视图一般选全剖视图。当零件上有键槽、凹坑、凹槽时，轴类零件的主视图可根据情况选择局部剖视图表达。

③ 此类零件一般不画俯视图和视图为圆的左视图。

④ 当零件上的局部结构需要进一步表达时，可以围绕主视图根据需要绘制一些局部剖视图、断面图和局部放大图来表达尚未表达清楚的结构。

如图 7-4 所示，铣刀头轴零件图采用一个基本视图（主视图）和若干辅助视图表达。轴上单键槽和双键槽的长度、宽度和深度分别用主视图上两个局部剖视图和两个移出断面图表达。轴端销孔和砂轮越程槽用局部放大图表达。截面相同的较长轴段采用折断画法。

2．轮盘盖类零件

轮盘类零件一般包括手轮、带轮、法兰盘、端盖等，轮盘类零件在机器中一般通过键、销与轴连接，传递扭矩。盖类零件一般通过螺纹连接件与箱体连接，此类零件主要起支承、轴向定位及密封作用。

如图 7-5 所示是手轮的零件图，图 7-6 是齿轮油泵泵盖的零件图，通过分析手轮和泵盖的零件图，可以了解轮盘类零件的结构和表达方法。

（1）盘类零件的结构特点

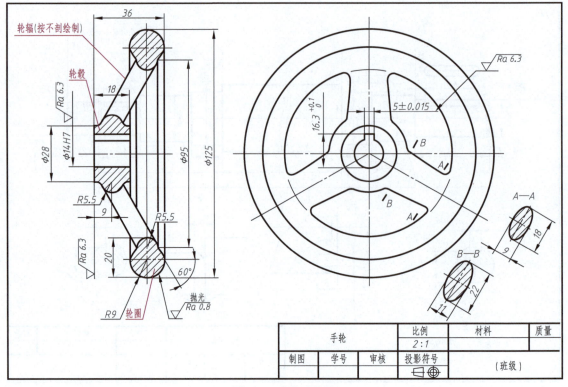

图 7-5　手轮零件图

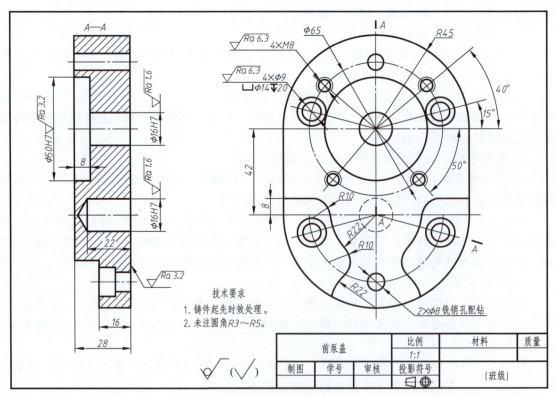

图 7-6　泵盖零件图

轮盘类零件一般由轮毂、轮辐和轮圈组成,轮毂上一般有键槽,轮辐有板式、肋板式等多种形式,如图7-5所示手轮,其轮辐由三根辐条组成。盘类零件与轴套零件结构相似,一般也是由同轴回转体组成,有时也有部分结构是方形、环形,与轴类不同的是其轴向尺寸一般小于径向尺寸。盘类零件上常见的结构包括中心有阶梯孔,周围有均布的孔、槽等。由图7-6左视图所示,泵盖外形结构为圆形和方形组合而成的环形。

(2) 轮盘盖类零件的表达方法

① 由于此类零件主要在车床或磨床上加工,为便于加工时读图方便,该零件主视图选择其加工位置,即轴线应水平放置。

② 轮盘类零件一般为中空件,因此主视图一般会选择全剖视或半剖视表达,如图7-5和图7-6主视图均选择全剖视图,手轮零件图的全剖视图既表达了轴孔的结构,又表达了轮圈的断面结构。

③ 此类零件一般不画俯视图,但绘制左视图,用以表达零件上孔、槽、辐条、肋板等结构的分布情况。如图7-6所示,左视图表达了4个M8螺纹孔、2个直径为$\phi 8$的销孔及4个安装孔的分布情况,同时表达了前泵盖左端的凹凸形状。

④ 当零件上的局部结构需要进一步表达时,可采用局部视图、局部剖视图、局部放大图、断面图来表达尚未表达清楚的结构,如图7-5所示,采用两个移除断面图表达轮辐的截面变化情况。

3. 叉架类零件

叉架类零件多为铸造或锻造成毛坯后,经机械加工而成。一般包括拨叉、连杆、支座、支架等。拨叉主要用于机器的操纵机构,起操纵或调速作用,支架主要起支承和连接作用。如图7-7和图7-8所示分别为支架的零件图和拨叉的零件图,通过分析支架和拨叉的零件图,可以了解叉架类零件的结构特点和表达方法。

(1) 叉架类零件的结构特点

叉架类零件的形状结构一般比较复杂,但大体上可以分为三部分:支承部分、连接部分、工作部分。连接部分通常是倾斜或弯曲的、断面有规律变化的肋板结构,用以连接零件的工作部分和支承部分。支承部分和工作部分常有圆孔、螺孔、沉孔、油槽、油孔、凸台、凹坑等。如图7-7所示支架,断面为"T"字形的板是倾斜的,左上方连接轴孔,右下方连接有沉孔的支承部分。图7-8所示拨叉,断面为十字形板,上方连接槽形叉即工作部分,下方连接轴孔。

(2) 叉架类零件的表达方法

① 由于此类零件加工方法和加工位置不止一个,所以主视图选择主要考虑工作位置和形状特征,如图7-7、图7-8所示。

② 由于此类零件结构较复杂,一般根据需要除主视图外,还选择1~2个基本视图,表达零件的主体结构,如图7-7和图7-8所示支架和拨叉零件图,均选择了左视图补充表达主体结构。

③ 叉架类零件一般两端有内部结构,中间是实心肋板,因此一般选择局部剖视图表达。如图7-7主视图选择了两处局部剖视图分别表达工作部分夹紧孔$\phi 11$的结构和支承部分安装孔$\phi 15$的结构,左视图选择了一处局部剖视表达工作部分轴孔的结构。图7-8主视图选择了一处局部剖视图表达支承部分轴孔的结构,左视图用两处局部剖视图分别表达工作部分的结构和支承部分斜置孔$\phi 9$及圆锥销孔的结构。

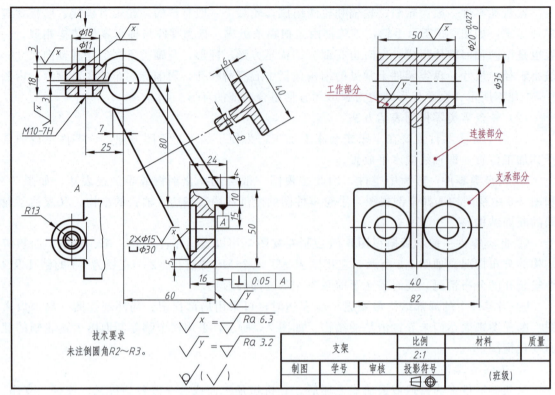

图 7-7 支架零件图

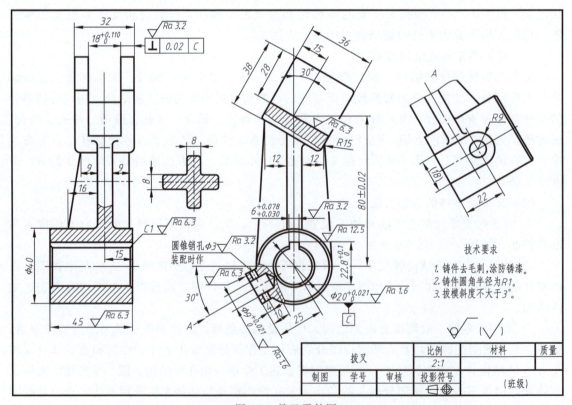

图 7-8 拨叉零件图

④ 当叉架类零件上的某些局部结构或某些不平行于基本投影面的结构需要进一步表达时，可采用局部视图、局部剖视图、斜视图、断面图来表达尚未表达清楚的结构。如图 7-7 所示，选择 A 向局部视图表达夹紧耳板的外形结构，用移出断面图表达"T"字形连接板的断面结构。如图 7-8 所示，选择 A 向斜视图表达"U"形凸台的结构。

4．箱体类零件

箱体类零件多为铸造成毛坯后，经机械加工而成。箱体类零件主要作用是支承、包容、保护、定位和密封内部机构。各种泵体、阀体、减速器箱体都属于此类零件。如图 7-9 和图 7-10 分别为球阀阀体零件图和减速器箱体零件图，通过分析球阀阀体和减速器箱体零件图，可以了解箱体类零件的结构特点和表达方法。

（1）箱体类零件的结构特点

箱体类零件的内腔和外形结构都很复杂。箱体类零件通常有一个用于安装的底板，底板上通常有安装孔，安装孔处有凸台或凹坑，底板下有槽，可以减少接触面积和减少加工面积。底板上面一般设有一个薄壁空腔，用以容纳运动零件和储存润滑油。箱壁四周根据传动需要，加工多个用以支承和安装传动件的带圆柱孔的凸台，凸台上有时根据安装端盖的需要加工螺纹孔。凸台下方大多设计有肋板起到辅助支承的作用。箱壁上方在需要安装箱盖处设计凸台，凸台上有安装孔，便于安装上箱盖。如图 7-10 所示减速器箱体，其结构比较复杂，基础形体由底板、箱壳、"T"字形肋板、互相垂直的蜗杆轴孔（水平）和蜗轮轴孔系（垂直）组成，蜗轮轴孔在底板和箱壳之间，其轴线与蜗杆轴孔的轴线垂直异面，"T"字形肋

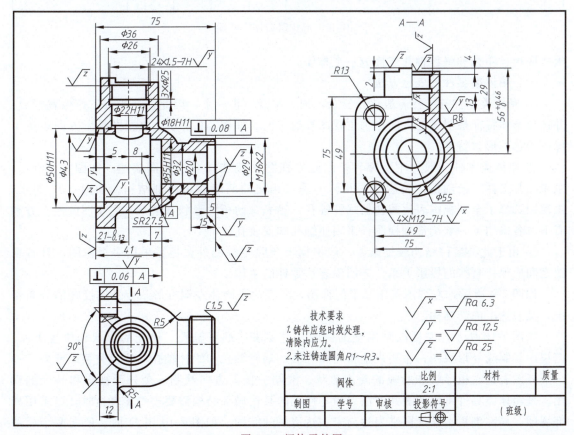

图 7-9　阀体零件图

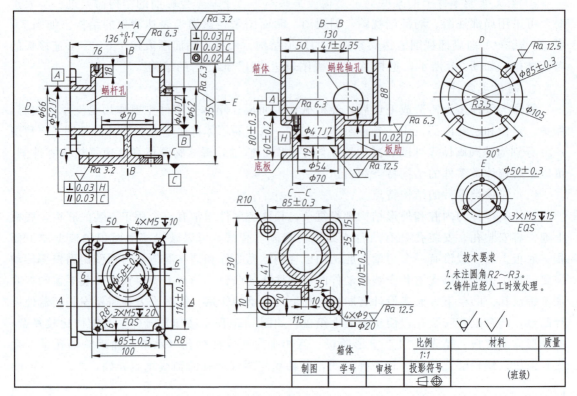

图 7-10 减速器箱体零件图

板将底板、箱壳和蜗轮轴孔连接成一个整体。

(2) 箱体类零件的表达方法

① 箱体类零件的结构一般比较复杂，加工位置不止一个，因此，一般按工作位置摆放，并选择形体特征最明显的方向作为主视图投射方向。如图7-9所示，主视图投影方向表达了球阀阀体的形状特征。

② 箱体类零件一般为中空零件，因此主视图一般选择全剖视图表达。如图7-9所示，主视图都选择了全剖视，表达球阀阀体上垂直相交的两组通道内部结构。如图7-10所示，主视图选择了全剖视图表达减速器蜗杆轴孔、箱壳、肋板的形状和关系，主视图的左上方和右下方各采用了一处局部剖视图，来表达螺孔和安装孔。

③ 由于此类零件结构较复杂，一般根据需要除主视图外，还需采用多个视图，且各视图之间应保持直接的投影关系，来明确表达零件的主体结构。

如图7-9所示，左视图采用了半剖视图，既表达了阀体左端方形凸台及连接孔的分布情况，又表达了内部结构。

如图7-10所示，左视图采用全剖视图，主要表达蜗杆轴孔、箱壳的形状和位置关系。俯视图绘制成外形视图，主要表达箱壳和底板、蜗轮轴孔和蜗杆轴孔的位置关系。此外C—C剖视图表达底板形状和肋板的断面形状。沿同一投射方向绘制一个外形视图和一个剖视图，是箱体类零件常用的表达方法。当零件上的某些局部结构需要进一步表达时，可采用局部视图、局部剖视、断面图来表达尚未表达清楚的结构。如图7-10用D向、E向两个局部视图分别表达两个凸台的形状。

7.3 零件图的尺寸标注

零件图的视图用来表达零件的结构形状,而零件的大小则要由尺寸来确定。标注零件图的尺寸要求是:
① 正确。图样上尺寸要严格遵守《机械制图》国家标准的规定。
② 完整。注全各部分结构的定形尺寸、定位尺寸以及必要的总体尺寸。
③ 清晰。尺寸配置便于看图。
④ 合理。符合设计和制造的要求。

7.3.1 零件图的尺寸基准

根据基准的作用不同,基准分为下面两类。

设计基准——根据设计要求用以确定零件结构的位置所选定的基准。

工艺基准——零件在加工、测量和检验时所使用的基准。

应尽量使设计基准与工艺基准重合,便于加工测量,保证产品质量。

任何零件都有长、宽、高三个方向的尺寸,每个方向至少要选择一个尺寸基准。每个方向只能有一个主要基准,其余为辅助基准。一般常选择零件结构的对称面、回转轴线、主要加工面、重要支承面或结合面作为主要基准。辅助基准与主要基准之间必须有尺寸联系。

如图 7-11 所示轴承座,安装面 B 是高度方向的主要尺寸基准,对称平面 C 是长度方向的主要尺寸基准,后端面 D 是宽度方向的主要尺寸基准,顶端面 E 是高度方向辅助尺寸基准,底板后面 F 是宽度方向辅助基准。

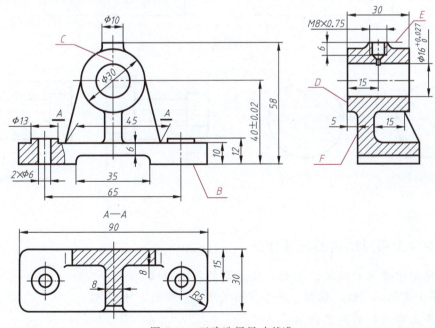

图 7-11 正确选择尺寸基准

7.3.2 合理标注零件图的尺寸

(1) 重要的尺寸单独注出。影响零件的装配精度和使用性能尺寸（功能尺寸、配合尺寸、轴间距、中心距）要单独注出，如图7-12中的尺寸 A 和 L。

(2) 标注尺寸便于加工。按加工顺序标注尺寸，便于加工和测量，如图7-13所示。

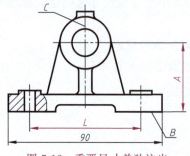

图 7-12　重要尺寸单独注出

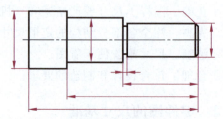

图 7-13　按加工顺序标注尺寸

(3) 避免注成封闭尺寸链。首尾相连的链状尺寸组称为尺寸链，组成尺寸链的每一个尺寸称为尺寸链的环，尺寸链中所有环都注上尺寸，称为封闭尺寸链，如图7-14（a）所示。由于在加工中很难同时保证四个尺寸的精确度，所以对于有一定精度要求的尺寸直接注出，而让加工误差积累在最不重要的那个尺寸上，作为开口环，如图7-14（b）所示。

(4) 标注尺寸便于测量。零件图的尺寸标注应便于测量，如图7-15所示。

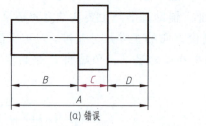

图 7-14　避免注出封闭的尺寸链

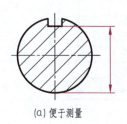
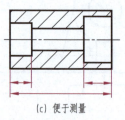
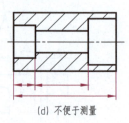

图 7-15　标注尺寸应便于测量

7.3.3 零件上常见结构的尺寸注法

1. 零件图中常见的底板、端面、法兰盘的尺寸标注

零件图中常见的底板、端面、法兰盘的尺寸标注如图7-16所示。

2. 零件上常见孔的尺寸注法

零件上常见孔的尺寸注法如表7-1所示。

第7章 读零件图

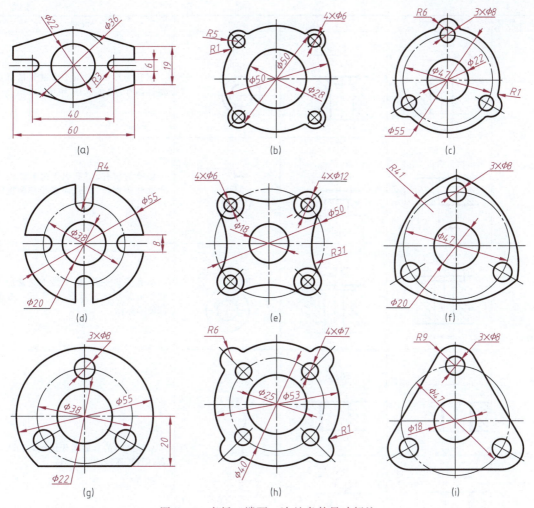

图 7-16 底板、端面、法兰盘的尺寸标注

表 7-1 零件上常见孔的尺寸注法

结构类型	普通注法	旁注法		说明
光孔	4×φ12，深14	4×φ12 ▽14	4×φ12 ▽14	4个 φ12 的孔，孔深 14
	无普通标注	锥销孔φ9 配作	锥销孔φ9 配作	"配作"是指和另一零件的同位锥销孔一起加工。 φ4 是与孔相配的圆锥销的公称直径（小端直径）

续表

结构类型	普通注法	旁注法		说明
沉孔	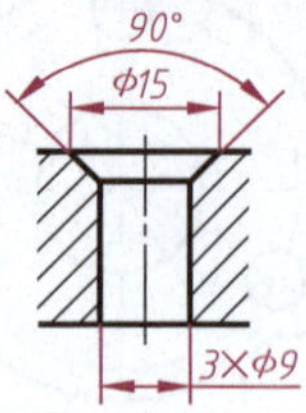 (φ15, 90°, 3×φ9)	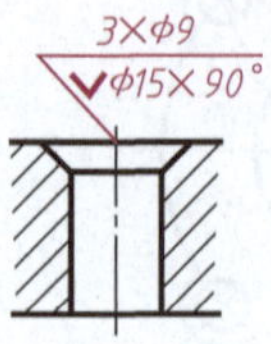 3×φ9 ⌵φ15×90°	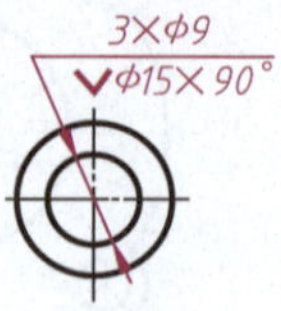 3×φ9 ⌵φ15×90°	该孔为埋头孔,用于安装开槽沉头螺钉,3个φ9的沉孔,锥形孔φ15,90°
	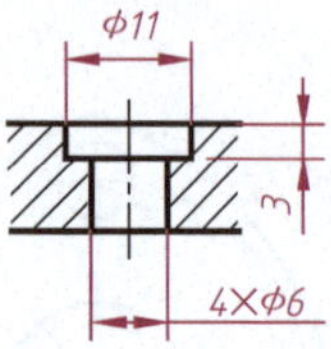 (φ11, 3, 4×φ6)	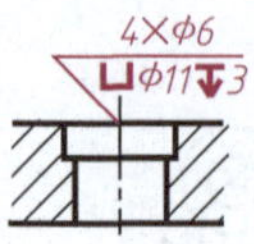 4×φ6 ⌴φ11▼3	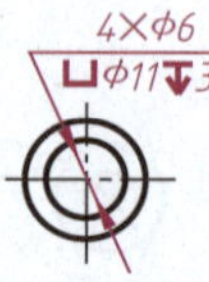 4×φ6 ⌴φ11▼3	该孔为沉孔,沉孔内用来安装内六角圆柱头螺钉,沉孔的直径和深度均应注出
锪平	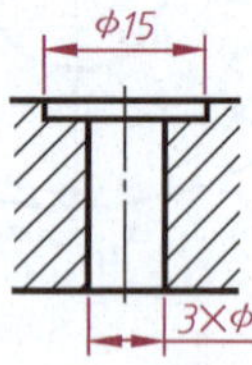 (φ15, 3×φ7)	 3×φ7 ⌴φ15	 3×φ7 ⌴φ15	该孔为锪平孔,锪平加工通常加工到不出现毛坯面为止,锪平面φ15的深度不标注
螺纹孔	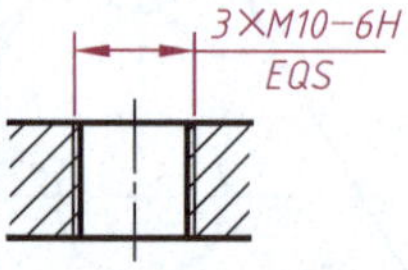 3×M10-6H EQS	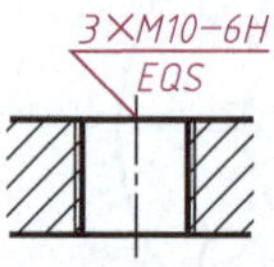 3×M10-6H EQS	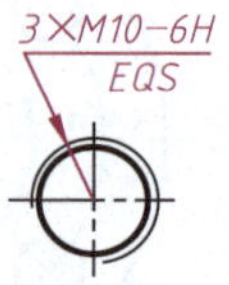 3×M10-6H EQS	3个M10的普通粗牙螺纹,通孔,均布,中径、顶径的公差6H
	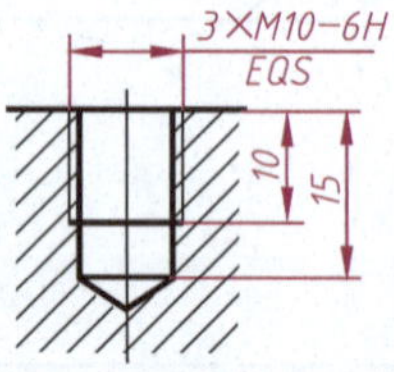 3×M10-6H EQS (10, 15)	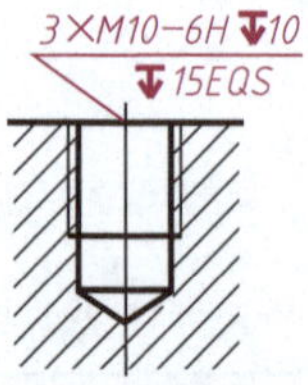 3×M10-6H▼10 ▼15EQS	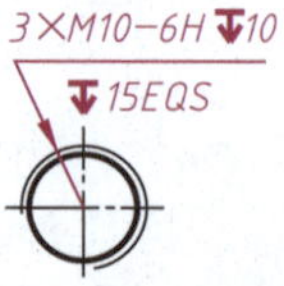 3×M10-6H▼10 ▼15EQS	

7.4 零件上常见的工艺结构

7.4.1 机械加工工艺结构

1. 倒角和倒圆

为便于装配和去掉毛刺、锐边,在轴或孔端部一般加工出倒角,对阶梯形的轴或孔,为便于装配或防止应力集中,常把轴肩、孔肩处倒圆,如图7-17所示。轴、孔的标准倒角和圆角的尺寸可由GB/T 6403.4—2008查得。其尺寸标注方法如图7-17所示。零件上倒角都是45°且尺寸全部相同时,可在图样右上角注明"全部倒角C×(×为倒角的轴向尺寸)"。当零件倒角尺寸无一定要求时,可在技术要求中注明"锐边倒钝"。

第7章 读零件图

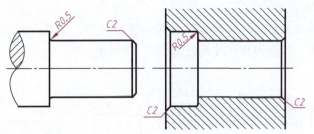

图 7-17　轴、孔倒角及倒圆

2. 退刀槽和砂轮越程槽

在切削加工中，为了使刀具易于退出，并在装配时容易与相关零件靠紧，常在加工表面的台肩处先加工出退刀槽或越程槽。常见的有螺纹退刀槽、砂轮越程槽、刨削越程槽等，退刀槽的尺寸可查阅 GB/T 3—1997，砂轮越程槽的尺寸可查阅 GB/T 6403.5—2008。退刀槽的尺寸标注形式，一般可按"槽宽×直径"或"槽宽×槽深"标注。越程槽一般用局部放大图画出，如图 7-18 所示。

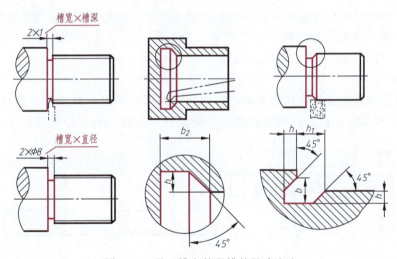

图 7-18　退刀槽和越程槽的尺寸注法

3. 钻孔的工艺结构

用钻头钻盲孔时，由于钻头顶部有 118°的圆锥面，所以盲孔总有一个 118°的圆锥面，扩孔时也有一个锥角为 118°的圆台面，如图 7-19（a）、（b）所示，图样中按 120°绘制。此外钻孔时，应尽量使钻头垂直于孔的上下两端面，如图 7-19（c）、（d）所示，以保证钻孔精度和避免钻头折断。

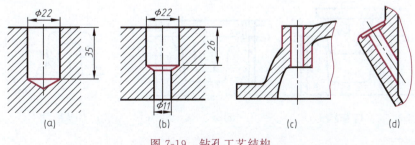

图 7-19　钻孔工艺结构

4. 工艺凸台和凹坑

为了减少零件的加工面积和减少零件之间的接触面积，使结合面接触更好，常在两接触面处设置凸台或凹坑，其结构和尺寸标注如图 7-20 所示。

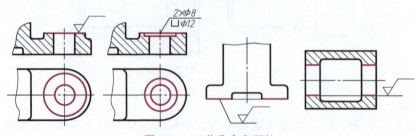

图 7-20　工艺凸台和凹坑

7.4.2　铸造工艺结构

1. 铸件壁厚

铸件各部分的壁厚应尽量均匀，不宜相差太大。如必须具有不同壁厚的结构，应使厚壁和薄壁逐渐过渡，以免铸造时在冷却过程中，由于凝固速度不同形成热节，产生缩孔或裂纹，如图 7-21（d）所示。

2. 铸造圆角

铸件上两表面相交处如设计为尖角，在进行浇筑时，砂型尖角会发生落砂和裂纹现象，如图 7-21（a）所示。因此，在两表面相交处应设计为圆角，铸件经机械加工后，铸造圆角

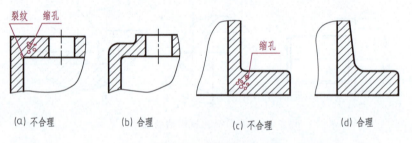

(a) 不合理　　(b) 合理　　(c) 不合理　　(d) 合理

图 7-21　铸件壁厚

被切除，变为尖角，如图 7-22（c）所示。铸造圆角的大小一般为 $R3 \sim R5$，在零件图上可省略不画，圆角尺寸可以在技术要求中统一说明。

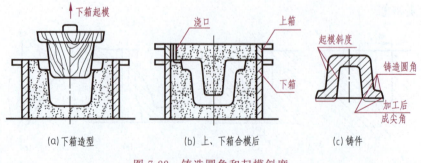

(a) 下箱造型　　(b) 上、下箱合模后　　(c) 铸件

图 7-22　铸造圆角和起模斜度

3. 起模斜度

铸件在起模时，为起模顺利，在起模方向的内外壁上应有适当的斜度，称为起模斜度，如图 7-22（a）和图 7-22（b）所示。起模斜度一般按 1:20 选取，也可按 0.5°～3°之间选取。通常在图样上不画出起模斜度，也不标注，如果需要可以在技术要求中说明。

4. 过渡线

由于铸造表面的转角处用圆角过渡，所以两表面的交线变得不明显，在绘图时，仍要画出理论交线，但两端不与轮廓线接触，这种线称为过渡线。可见的过渡线用细实线绘制，不可见的过渡线用细虚线绘制，如图7-23所示。

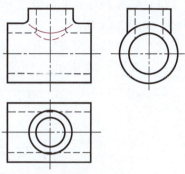

图 7-23　过渡线

7.5　零件图中的技术要求

零件图中的技术要求主要是指零件几何精度方面的要求，如尺寸公差、几何公差、表面粗糙度等。从广义上讲，技术要求还包括理化性能方面的要求，如对材料的热处理和表面处理等。技术要求通常是用符号、代号或标记标注在图形上，或者用简明的文字注写在标题栏附近。

7.5.1　表面结构的图样表示法

表面结构是表面粗糙度、表面波纹度、表面缺陷、表面纹理和几何形状的总称。表面结构的各项要求在图样上的表示法在 GB/T 131—2006 中均有规定。本节主要介绍常用的表面粗糙度表示法。

1. 表面粗糙度的概念

零件在经过机械加工后的表面会留有许多高低不平的凸峰和凹谷，零件加工表面上具有的较小间距和峰谷所组成的微观几何形状特性称为表面粗糙度。表面粗糙度与加工方法、刀刃形状和切削用量等各种因素都有密切关系。

表面粗糙度是评估零件表面质量的一项重要技术指标，对于零件的配合、耐磨性、抗腐蚀性以及密封性等都有显著影响，是零件图中必不可少的一项技术要求。

零件表面粗糙度的选用应既满足零件表面的功能要求，又要考虑经济合适。一般情况下，凡是零件上有配合要求或有相对运动的表面，粗糙度参数值要小，参数值越小，表面质量越高，但加工成本也越高。因此，在满足使用要求的前提下，应尽量选用较大的粗糙度参数值，以降低成本。

2. 评定表面结构常用的轮廓参数

对于零件表面结构的状况，可以由三个参数组加以评定：轮廓参数（由 GB/T 3505—2000 定义）、图形参数（由 GB/T 18618—2002 定义）、支承率曲线参数（由 GB/T 18778.2—2003 和 GB/T 18778.3—2003 定义）。其中轮廓参数是我国机械图样中目前最常用的评定参数。本节仅介绍轮廓参数中评定粗糙度轮廓（R 轮廓）的两个高度参数 Ra 和 Rz。

（1）轮廓的算术平均偏差 Ra，是指在一个取样长度内，纵坐标 $z(x)$ 绝对值的算术平均值，如图 7-24 所示。

（2）轮廓的最大高度 Rz，是指在同一取样长度内，最大轮廓峰高与最大轮廓谷深之和的高度，如图 7-24 所示。

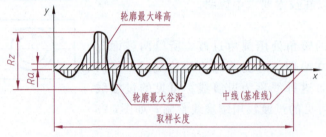

图 7-24　轮廓算术平均偏差 Ra 和轮廓的最大高度 Rz

表 7-2 列出了国家标准推荐的 Ra 优先选用系列，设计时应按表中数值选取并注写在图样中。

表 7-2　评定表面结构的轮廓算术平均偏差值 Ra 值　　　　　　　　　　　　　μm

0.012	0.025	0.050	0.100	0.20	0.40	0.80
1.6	3.2	6.3	12.5	25.0	50.0	100

3. 标注表面结构的图形符号

标注表面结构要求时的图形符号画法如表 7-3 所示，表面结构图形符号的尺寸如表 7-4 所示。

表 7-3　表面粗糙度的符号和画法

符号名称	符　　号	意　　义
基本图形符号	（H_1、H_2、d'（符号线宽）的尺寸见表 7-4）	基本符号，未指定工艺方法的表面，仅用于简化代号的标注，没有补充说明时不能用
扩展图形符号		扩展图形符号，用去除材料方法获得的表面；仅当其含义是"被加工表面"时可单独使用
扩展图形符号		扩展图形符号，不去除材料的表面，也可用于表示保持上道工序形成的表面，不管这种状况是通过去除或不去除材料形成的
完整图形符号		完整图形符号，在以上各种符号的长边上加一横线，以便注写表面结构特征的补充信息

表 7-4　表面结构图形符号的尺寸　　　　　　　　　　　　　　　　　　　　　mm

数字与大写字母（或小写字母）的高度 h	2.5	3.5	5	7	10	14	20
符号的线宽 d'、数字与字母笔画宽度 d	0.25	0.35	0.5	0.7	1	1.4	2
高度 H_1	3.5	5	7	10	14	20	28
高度 H_2	7.5	10.5	15	21	30	42	60

4. 表面结构要求在图形符号中的注写位置

为了明确表面结构要求,除了表面结构参数和数值外,必要时应标注补充要求,包括取样长度、加工工艺、表面纹理、加工余量等。注写要求在图形符号中的位置如图 7-25 所示。

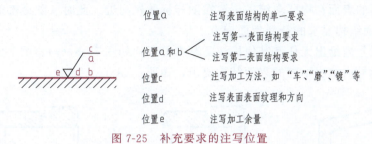

图 7-25 补充要求的注写位置

5. 表面结构要求在图样中的注法

表面结构符号中注写了具体参数代号及数值等要求后即称为表面结构代号,为避免误解,在参数代号和极限值之间插入空格,如"$Ra\,6.3$"。具体注法如下:

(1) 表面结构要求对每一个表面一般只注一次,并尽可能注在相应的尺寸及其公差的同一视图上。除非另有说明,所标注的表面结构要求是对完工零件表面的要求。

(2) 表面结构要求的注写和读取方向与尺寸的注写和读取方向一致。表面结构要求可标注在轮廓线上,其符号应从材料外指向并接触表面,如图 7-26(a)所示。必要时,表面结构要求也可以用带箭头或黑点的指引线引出标注,如图 7-26(b)所示。

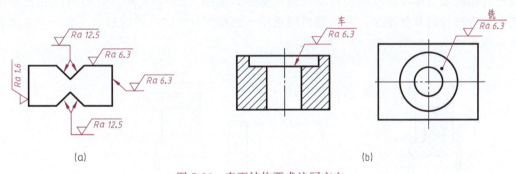

图 7-26 表面结构要求注写方向

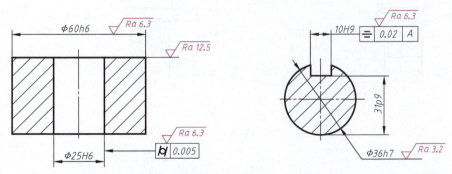

图 7-27 表面结构要求标注在尺寸线、形位公差框格上

(3) 在不致引起误解时,表面结构要求可以标注在给定的尺寸线上、尺寸界线上、延长线上,也可以标注在形位公差框格的上方,如图 7-27 所示。

6. 表面结构要求的简化标注

（1）有相同表面结构要求的简化标注。如果工件少数表面具有不同的表面结构要求，多数（包括全部）表面有相同的表面结构要求，可以先将不同的表面结构要求直接标注在视图上，然后将相同的表面结构要求统一标注在图样标题栏附近。此时（除全部表面有相同要求的情况外），表面结构要求的符号后面应有：

——在圆括号内给出无任何其他标注的基本符号，如图 7-28（a）、图 7-28（b）所示。

——在圆括号内给出不同的表面结构要求，如图 7-28（c）所示。

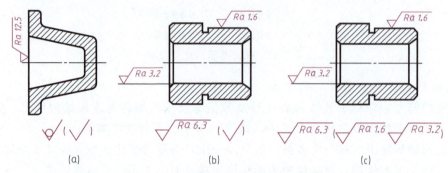

图 7-28　有相同表面结构要求的简化注法

（2）多个表面有共同要求的标注。当零件上多个表面有相同的表面结构要求，或图纸空间较小时，可以采用简化注法。在视图上用带字母的完整符号标注，在标题栏附近以等式的形式对有相同表面结构要求的表面进行简化标注，如图 7-29（a）所示。也可以在视图中只用表面结构符号的简化注法，在标题栏附近用表面结构符号以等式的形式给出多个表面共同的表面结构要求，如图 7-29（b）所示。

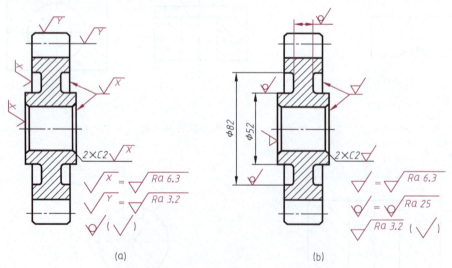

图 7-29　多个表面有共同要求的简化注法

7.5.2　极限与配合

1. 互换性

在成批或大量生产中，一批零件在装配前不经过挑选，在装配过程中不经过修配，在装配后即可满足使用要求,零件的这种在尺寸与功能上可以互相替代的性能称为互换性。极限与配合是保证零件具有互换性的重要标准。

2. 基本术语及定义

以图 7-30 为例,说明极限与配合的基本术语。

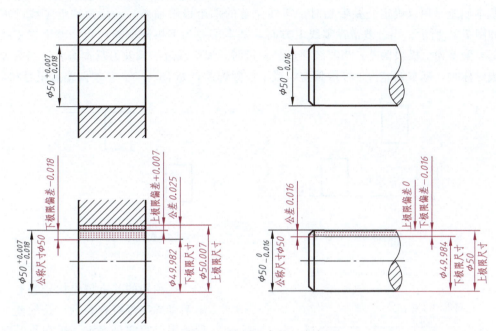

图 7-30 极限与配合的基本术语

公称尺寸:设计给定的尺寸,如 $\phi 50$。

极限尺寸:允许尺寸变化的极限值。加工尺寸的最大允许值称为上极限尺寸;最小允许值称为下极限尺寸。如 $\phi 50.007$ 为孔的上极限尺寸,$\phi 49.982$ 为孔的下极限尺寸。

极限偏差:有上极限偏差和下极限偏差之分,上极限尺寸与公称尺寸的代数差称为上极限偏差;下极限尺寸与公称尺寸的代数差称为下极限偏差。孔的上极限偏差用 ES 表示,下极限偏差用 EI 表示;轴的上极限偏差用 es 表示,下极限偏差用 ei 表示。极限偏差可为正、负或零值。

尺寸公差(简称公差):允许尺寸的变动量。尺寸公差等于上极限尺寸减去下极限尺寸,或上极限偏差减去下极限偏差。公差总是大于零的正数。如图 7-30 中孔的公差为 0.025。

公差带:在公差带图解中,用零线表示公称尺寸,上方为正,下方为负,公差带是指由代表上、下极限偏差的两条直线限定的区域,如图 7-31 所示,图中矩形的上边代表上极限偏差,下边代表下极限偏差,矩形的长度无实际意义,高度代表公差。

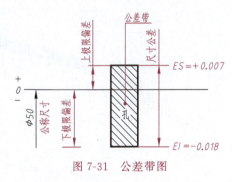

图 7-31 公差带图

3. 标准公差与基本偏差

国家标准 GB/T 1800.1—2009 中规定,公差带是由标准公差和基本偏差组成的,标准公差决定公差带的高度,基本偏差确定公差带相对零线的位置。

标准公差是由国家标准规定的公差值。其大小由两个因素决定,一个是公差等级,另一个是公称尺寸。国家标准 GB/T 1800.1—2009 将公差划分为 20 个等级,分别为 IT01、IT0、IT1、IT2、……、IT18,其中 IT01 精度最高,IT18 精度最低。公称尺寸相同时,公差等级越高(数值越小),标准公差越小;公差等级相同时,公称尺寸越大,标准公差越大。

基本偏差是用以确定公差带相对于零线位置的那个极限偏差,一般为靠近零线的那个偏差,如图 7-32 所示。当公差带在零线上方时,基本偏差为下极限偏差;当公差带在零线下方时,基本偏差为上极限偏差;当零线穿过公差带时,离零线近的偏差为基本偏差;当公差带关于零线对称时,基本偏差为上极限偏差,或下极限偏差,如 JS(js)。基本偏差有正号和负号。

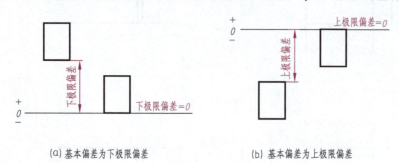

(a) 基本偏差为下极限偏差 　　　(b) 基本偏差为上极限偏差

图 7-32　基本偏差

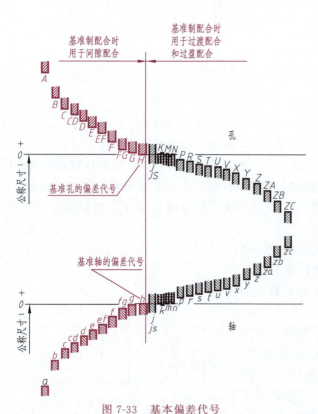

图 7-33　基本偏差代号

孔和轴的基本偏差代号各有 28 种,用字母或字母组合表示,孔的基本偏差代号用大写字母表示,轴用小写字母表示。如图 7-33 所示。需要注意的是,公称尺寸相同的轴和孔若基本偏差代号相同,则基本偏差值一般情况下互为相反数。此外,在图 7-33 中,公差带不封口,这是因为基本偏差只决定公差带的位置。一个公差带的代号,由表示公差带位置的基本偏差代号、表示公差带大小的公差等级和公称尺寸组成。如 $\phi 50H8$,$\phi 50$ 是公称尺寸,H 是基本偏差代号,大写表示孔,公差等级为 IT8。

4. 配合类别

公称尺寸相同,相互结合的轴和孔公差带之间的关系为配合。按配合性质不同可分为间隙配合、过盈配合和过渡配合。

间隙配合:孔与轴配合时,具有间隙(包括最小间隙等于零)的配合。此时,孔的公差带在轴的公差带之上,如图 7-34(a)所示。

过盈配合:孔与轴配合时,具有过盈(包括最小过盈等于零)的配合。此时,孔的公差带在轴的公差带之下,如图 7-34(b)所示。

过渡配合；孔与轴配合时，既可能存在间隙又可能存在过盈的配合。此时，孔的公差带与轴的公差带相互交叠，如图 7-34（c）所示。

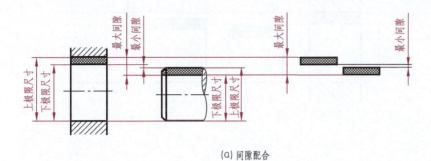

(a) 间隙配合

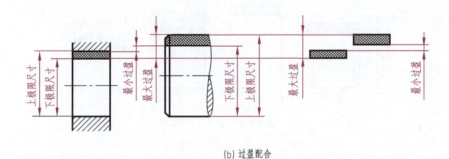

(b) 过盈配合

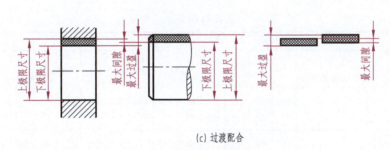

(c) 过渡配合

图 7-34　配合类型

5. 配合制

采用配合制是为了在基本偏差为一定的基准件的公差带与配合件相配时，只需改变配合件的不同基本偏差的公差带，便可获得不同松紧程度的配合，从而达到减少零件加工的定值刀具和量具的规格数量。国家标准规定了两种配合制，即基孔制和基轴制，如图 7-35 所示。

基孔制是基本偏差为 H 的孔的公差带，与不同基本偏差的轴的公差带形成各种配合的制度；基轴制是基本偏差为 h 的轴的公差带，与不同基本偏差的孔的公差带形成各种配合的制度。

6. 常用配合和优先配合

国家标准 GB/T 1801—2009 规定的基孔制常用配合共 59 种，其中优先配合 13 种，见表 7-5。基轴制常用配合共 47 种，其中优先配合 13 种，见表 7-6。

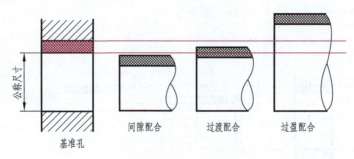

(a) 基孔制

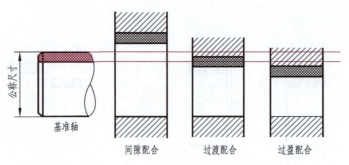

(b) 基轴制

图 7-35　基准制

表 7-5　基孔制优先、常用配合

基准孔	轴																				
	a	b	c	d	e	f	g	h	js	k	m	n	p	r	s	t	u	v	x	y	z
	间隙配合								过渡配合				过盈配合								
H6						$\frac{H6}{f5}$	$\frac{H6}{g5}$	$\frac{H6}{h5}$	$\frac{H6}{js5}$	$\frac{H6}{k5}$	$\frac{H6}{m5}$	$\frac{H6}{n5}$	$\frac{H6}{p5}$	$\frac{H6}{r5}$	$\frac{H6}{s5}$	$\frac{H6}{t5}$					
H7						$\frac{H7}{f6}$	$\frac{H7}{g6}$	$\frac{H7}{h6}$	$\frac{H7}{js6}$	$\frac{H7}{k6}$	$\frac{H7}{m6}$	$\frac{H7}{n6}$	$\frac{H7}{p6}$	$\frac{H7}{r6}$	$\frac{H7}{s6}$	$\frac{H7}{t6}$	$\frac{H7}{u6}$	$\frac{H7}{v6}$	$\frac{H7}{x6}$	$\frac{H7}{y6}$	$\frac{H7}{z6}$
H8					$\frac{H8}{e7}$	$\frac{H8}{f7}$	$\frac{H8}{g7}$	$\frac{H8}{h7}$	$\frac{H8}{js7}$	$\frac{H8}{k7}$	$\frac{H8}{m7}$	$\frac{H8}{n7}$	$\frac{H8}{p7}$	$\frac{H8}{r7}$	$\frac{H8}{s7}$	$\frac{H8}{t7}$	$\frac{H8}{u7}$				
				$\frac{H8}{d8}$	$\frac{H8}{e8}$	$\frac{H8}{f8}$		$\frac{H8}{h8}$													
H9			$\frac{H9}{c9}$	$\frac{H9}{d9}$	$\frac{H9}{e9}$	$\frac{H9}{f9}$		$\frac{H9}{h9}$													
H10			$\frac{H10}{c10}$	$\frac{H10}{d10}$				$\frac{H10}{h10}$													
H11	$\frac{H11}{a11}$	$\frac{H11}{b11}$	$\frac{H11}{c11}$	$\frac{H11}{d11}$				$\frac{H11}{h11}$													
H12		$\frac{H12}{b12}$						$\frac{H12}{h12}$													

注：1. $\frac{H6}{n5}$、$\frac{H7}{p6}$ 在公称尺寸小于或等于 3mm 和 $\frac{H8}{r7}$ 在小于或等于 100mm 时，为过渡配合。

2. 套色的配合符号为优先配合。

表 7-6 基轴制优先、常用配合

基准孔	孔																			
	A	B	C	D	E	F	G	H	JS	K	M	N	P	R	S	T	U	V	X	Y	Z
	间隙配合							过渡配合				过盈配合								
h5						F6/h5	G6/h5	H6/h5	JS6/h5	K6/h5	M6/h5	N6/h5	P6/h5	R6/h5	S6/h5	T6/h5				
h6						F7/h6	G7/h6	H7/h6	JS7/h6	K7/h6	M7/h6	N7/h6	P7/h6	R7/h6	S7/h6	T7/h6	U7/h6			
h7					E8/h7	F8/h7		H8/h7	JS8/h7	K8/h7	M8/h7	N8/h7								
h8				D8/h8	E8/h8	F8/h8		H8/h8												
h9				D9/h9	E9/h9	F9/h9		H9/h9												
h10				D10/h10				H10/h10												
h11	A11/h11	B11/h11	C11/h11	D11/h11				H11/h11												
h12		B12/h12						H12/h12												

注：套色的配合符号为优先配合。

7. 极限与配合的标注

在零件图中，线性尺寸的偏差有三种标注形式：一是只标注公差带代号；二是只标注上、下极限偏差；三是既标注公差带代号，又标注上下极限偏差，此时偏差值用括号括起来，如图 7-36 所示。

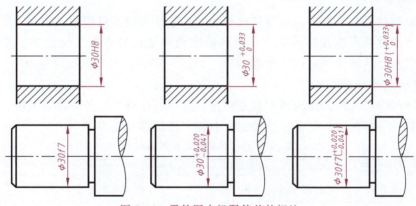

图 7-36 零件图中极限偏差的标注

标注极限与配合时应注意以下几点：

（1）上、下极限偏差的字高比公称尺寸数字小一号，且下极限偏差与公称尺寸数字在同一水平线上。

（2）当公差带相对于公称尺寸对称时，即上、下极限偏差互为相反数时，可采用"±"加偏差的绝对值的注法，如 $\phi 30\pm 0.016$（此时偏差和公称尺寸数字为同字号）。

（3）上、下极限偏差的小数位必须相同、对齐，当上极限偏差或下极限偏差为零时，用数字"0"标出，如 $\phi 30^{+0.053}_{\ 0}$ 小数点末位的"0"一般不予注出，仅当为凑齐上、下极限偏差小数点后的位数时，才用"0"补齐。

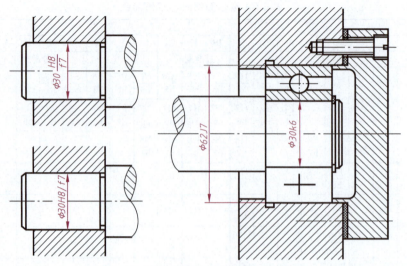

图 7-37　装配图中尺寸公差带代号的标注

在装配图上一般只标注配合代号。配合代号用分数形式表示，分子为孔的公差带代号，分母为轴的公差代号。对于与轴承等标准件相配的孔或轴，则只标注非标准件（配合件）的公差带代号。如轴承内圈孔与轴的配合，只标注轴的公差带代号；外圈的外圆柱面与箱体孔的配合，只标注箱体孔的公差带代号，如图 7-37 所示。

7.5.3　几何公差

1. 几何公差的概念

几何公差包括形状、方向、位置和跳动公差。零件在加工过程中，不仅产生尺寸误差和表面粗糙度，而且会产生几何误差。几何误差的允许变动量称为几何公差。几何公差的术语、定义、代号及其标注详见国家标准 GB/T 1182—2008，本书仅作简要介绍。

2. 几何公差的标注

在机械图样中，几何公差应采用公差框格、几何特征符号、公差值、基准、被测要素以及其他附加符号等标注。几何公差的类型、名称和特征符号见表 7-7。

表 7-7　几何公差的几何特征符号

公差类型	几何特征	符号	有无基准	公差类型	几何特征	符号	有无基准
形状公差	直线度	⎯	无	方向公差	线轮廓度	⌒	有
	平面度	▱	无		面轮廓度	⌒	有
	圆度	○	无	位置公差	位置度	⊕	有
	圆柱度	⌭	无		同轴度	◎	有
	线轮廓度	⌒	无		对称度	═	有
	面轮廓度	⌒	无		线轮廓度	⌒	有
方向公差	平行度	∥	有		面轮廓度	⌒	有
	垂直度	⊥	有	跳动公差	圆跳动	↗	有
	倾斜度	∠	有		全跳动	⌮	有

几何公差的公差框格及基准代号画法如图 7-38 所示。指引线连接被测要素和公差框格，指引线的箭头指向被测要素的表面或其延长线，箭头方向一般为公差带的方向。框格中的字符高度与尺寸数字的高度相同。基准中的字母永远水平书写。

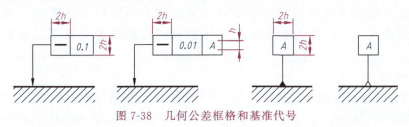

图 7-38 几何公差框格和基准代号

3. 几何公差标注案例

图 7-39 所示螺纹量规工作图样，解释图样中几何公差的意义如下：

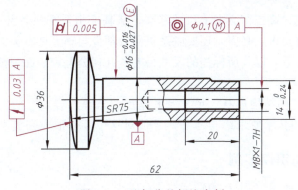

图 7-39 几何公差标注案例

│ 0.03 │ A │：公差名称为圆跳动，被测要素是左球面，基准要素是 $\phi16f7$ 轴段轴线，公差带形状是以基准轴线为圆心的同心圆，同心圆的半径差为 0.03mm。

│ ⌭ │ 0.005 │：公差名称为圆柱度，被测要素是 $\phi16f7$ 轴段的圆柱面，公差带形状是两个同轴柱面，柱面的半径差为 0.005mm。

│ ◎ │ $\phi0.1$ Ⓜ │ A │：公差名称为同轴度，被测要素是螺纹 M8×1 的轴线，基准要素是 $\phi16f7$ 轴段的轴线，公差带形状是以基准轴线为轴线的圆柱面，圆柱面的直径是 $\phi0.1$mm。

符号 Ⓜ 表示尺寸公差和形位公差的关系符合最大实体要求。直径 $\phi16f7$ 后符号 Ⓔ 表示尺寸公差和形状公差的关系符合包容要求。

7.6 读汽车零件图

7.6.1 读零件图的方法与步骤

读零件图要解决以下几个问题：根据标题栏，了解零件的名称、用途、材料和数量等；分析零件图视图，了解零件各部分结构形状的特点、功用，以及它们之间的相对位置；分析尺寸，了解零件的各部分尺寸及各方向主要基准；分析技术要求，掌握各加工表面的制造方

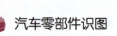

法和技术要求。

1. 读标题栏

从标题栏了解零件的名称、材料、比例、质量等内容。从名称可以判断该零件是哪一类零件，从材料可大致了解其加工方法，从绘图比例可以估计零件的实际大小。必要时，最好对照机器、部件实物或装配图了解该零件的装配关系等，从而对零件有初步的了解。

2. 分析视图

分析零件各视图相互之间的投影关系，运用形体分析法和线面分析法读懂零件各部分的结构，想象出零件的结构，想象出零件的形状。看懂零件图的结构形状是读零件图的重点，组合体的读图方法仍适用于读零件图。读图的一般顺序是先整体、后局部；先主体结构、后局部结构；先读懂简单部分，再分析复杂部分。

3. 分析尺寸和技术要求

分析零件的长、宽、高三个方向上尺寸基准，从基准出发查找各部分的定形、定位尺寸，并分析尺寸的加工精度要求。必要时还要联系机器或部件与该零件有关的零件一起分析，以便深入理解尺寸之间的关系，以及所标注的尺寸公差、几何公差和表面粗糙度等技术要求。

4. 综合归纳

零件图表达了零件的结构形状、尺寸及其精度要求等内容，它们之间是相互关联的，读图时应将视图、尺寸和技术要求综合考虑，才能对这个零件形成完整的认识。

7.6.2 汽车零件图识读案例

1. 识读弹簧销零件图（图7-40）

如图7-40所示，为前悬架弹簧钢板弹簧销零件图。下面从读标题栏、分析视图、分析尺寸和技术要求、综合归纳等方面进行识读。

(1) 读标题栏

从零件图的标题栏可以了解零件的名称、材料、画图的比例等信息。该零件名称是前悬架弹簧钢板弹簧销，材料45号钢，绘图比例1∶1。

(2) 分析视图

该零件的基本形状是回转体，内部钻孔，表面铣平面、圆弧面，右端面倒角。

主视图按其加工位置选择，轴线水平放置，主视图采用局部剖，表达内部孔的形状和连接情况，用$A—A$断面图表达右端$\phi 5$孔与水平孔的相贯情况，$B—B$断面图表达左端上、下平面的距离。

(3) 分析尺寸

该零件的径向尺寸基准是轴线，轴向基准（长度方向）是零件的左端面。孔和槽的位置均标注定位尺寸。左端上、下截平面的距离在$B—B$断面图上标注，上端$\phi 12.5$槽的位置定位尺寸是26 ± 0.1；其他的定位尺寸还有20、68、99、32。Rc1/3表示55°密封管螺纹，圆锥内螺纹尺寸代号是1/3。

(4) 分析技术要求

弹簧销$\phi 30$外圆柱表面是加工精度要求最高的表面，其表面粗糙度Ra值为0.8，同时其尺寸公差值为0.013mm，精度等级为IT6级，其轴线相对于基准A的同轴度公差值为$\phi 0.04$mm。

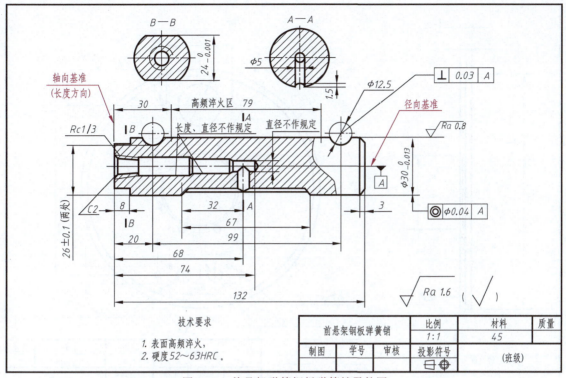

图 7-40　前悬架弹簧钢板弹簧销零件图

2. 识读制动盘零件图（图 7-41）

（1）读标题栏

从零件图的标题栏了解该零件名称是制动盘，材料灰铸铁 HT250，绘图比例 1∶4。查阅资料可知该零件是鼓式制动器的底板，其上多种孔用来安装制动轮缸、销轴、紧固螺栓等。

（2）分析视图

图 7-41 所示的制动盘零件图径向圆周表面结构简单，因此主视图采用了单一剖切面的全剖视图，盘上各种孔均为通孔，孔的分布情况选择左视图表达。

（3）分析尺寸

制动盘零件径向尺寸基准为轴线，宽度方向以制动盘前后对称面为基准标注了各种孔的定位尺寸，如 125、160、116、60；高度方向以制动盘主要轴孔 $\phi140$ 的轴线为主要基准标注了各种孔的定位尺寸，如 160、165，以 $2\times\phi25$ 孔的轴线为辅助基准标注了 $4\times\phi8$ 孔的定位尺寸。

（4）分析技术要求

制动盘零件表面结构要求分三个层次，$\phi140$ 孔的尺寸公差及表面粗糙度要求较高，有多个表面有相同的结构要求，因此采用了简化标注法。

3. 识读飞轮零件图（图 7-42）

（1）读标题栏

从零件图的标题栏可以了解该零件名称卧式柴油机飞轮，材料球墨铸铁 QT600-2，绘图比例 1∶4。查阅技术资料可知飞轮的作用是储存做功行程的能量以克服发动机进气、压缩和排气行程的阻力和其他阻力，使曲轴能均匀地旋转。

（2）分析视图

主视图采用单一剖切面的全剖视图表达飞轮上各种孔、槽的结构，选择左视图表达飞

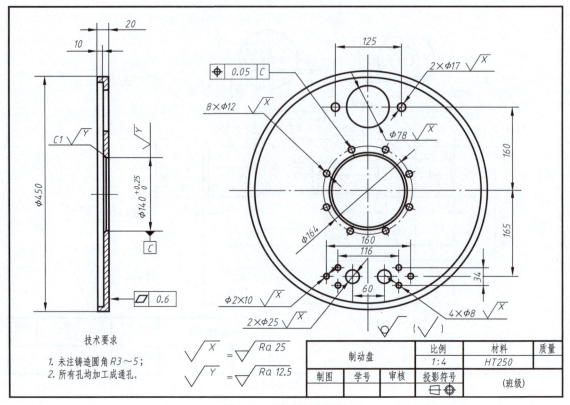

图 7-41 制动盘零件图

上各种孔的位置分布情况。

(3) 分析尺寸

飞轮零件图的轴向尺寸以经过加工的较大端面为基准，径向尺寸以轴线为基准，左视图中 $\phi 316$、$\phi 212$、$\phi 172$、$\phi 80$ 及 $18°$ 都是定位尺寸。主视图中尺寸 12 表示 $\phi 10$ 孔的铰孔深度。

(4) 分析技术要求

飞轮零件表面轮廓的算术平均偏差值 Ra 分别为 $1.6\mu m$、$3.2\mu m$、$6.3\mu m$、$12.5\mu m$。零件图中有 6 处尺寸精度要求，同时零件图中标出了同轴度、位置度等几何公差要求。综合分析可知，有加工精度要求的表面，也提出了表面结构要求和几何公差要求，它们之间是相互关联的。

4．识读连杆零件图

(1) 读标题栏

如图 7-43 所示，零件图的标题栏可以了解该零件名称是连杆，材料是 40Cr，绘图比例 2∶1。连杆是活塞式发动机的主要零件之一，它连接着活塞和曲轴，一方面它将作用于活塞上的气体膨胀产生的力传递给曲轴，驱动曲轴运动，另一方面，它又受曲柄驱动，带动活塞压缩气缸中的气体。

(2) 分析视图

连杆主要由大头、小头和杆身三部分组成。连杆大头又称为曲柄头，安装轴瓦后与曲轴连杆轴颈装配在一起；小头又称活塞头，通过活塞销与活塞连接。本例为斜剖式连杆的主体部分，即连杆体。

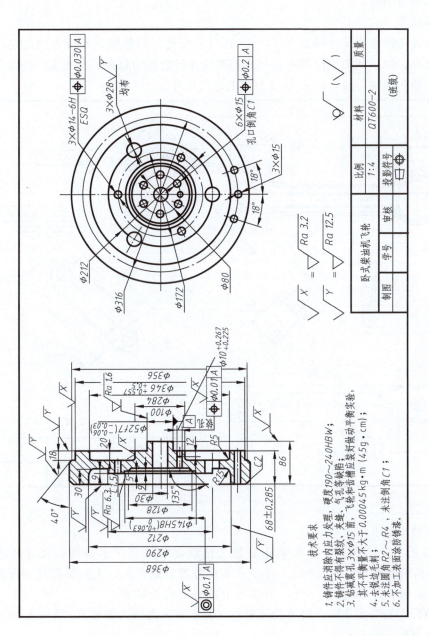

图 7-42 卧式柴油机飞轮零件图

连杆零件共用了5个图形表达,有主视图、俯视图、断面图、斜剖视图、斜视图。主视图上有3处局部剖,分别表达连杆小头润滑油孔、大头螺栓孔、锁口槽的结构,俯视图采用半剖视图,既表达连杆大、小头孔的内部结构,也表达连杆外形结构。选择斜视图表达大头螺栓孔及连杆轴瓦锁口槽的位置,选择斜剖视图表达大头结构,选择移出断面图表达连杆体的"工"字形断面结构。

(3)分析尺寸

连杆长度方向的主要尺寸基准为$\phi 39H7$孔(小头孔)的轴线,长度方向的定位尺寸如210 ± 0.05、125、27。宽度方向的主要尺寸基准为连杆前后对称面,高度方向的主要尺寸基准是大、小头轴孔的轴心线,50是高度方向的定位尺寸。

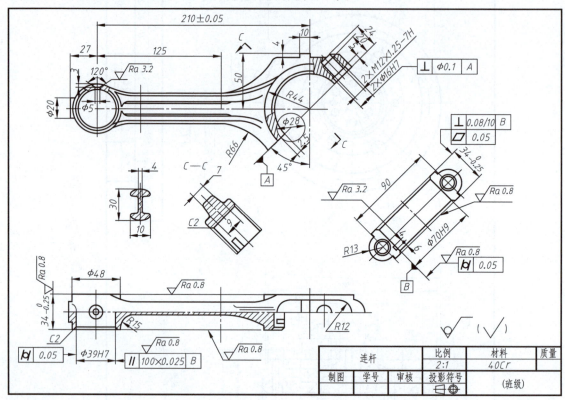

图 7-43 连杆零件图

(4)分析技术要求

如图7-43所示,连杆大、小头轴孔的加工精度要求较高。小头轴孔尺寸公差等级为IT7级,表面结构参数Ra为$0.8\mu m$,小头孔有圆柱度公差要求;大头轴孔尺寸公差等级为IT9级,表面结构参数Ra为$0.8\mu m$,小头孔有圆柱度公差要求。

连杆大小头孔的端面之间有尺寸公差要求,两端面表面结构参数Ra为$0.8\mu m$,两端面有平面度和垂直度公差要求。

小头孔($\phi 39H7$)轴线相对于大头孔轴线的有平行度公差要求,两孔的轴心距有尺寸公差要求。

5. 识读转向器壳体零件图(图7-44)

(1)读标题栏

如图7-44所示,零件图的标题栏可以了解该零件是转向器壳体,材料是KTH350-10,

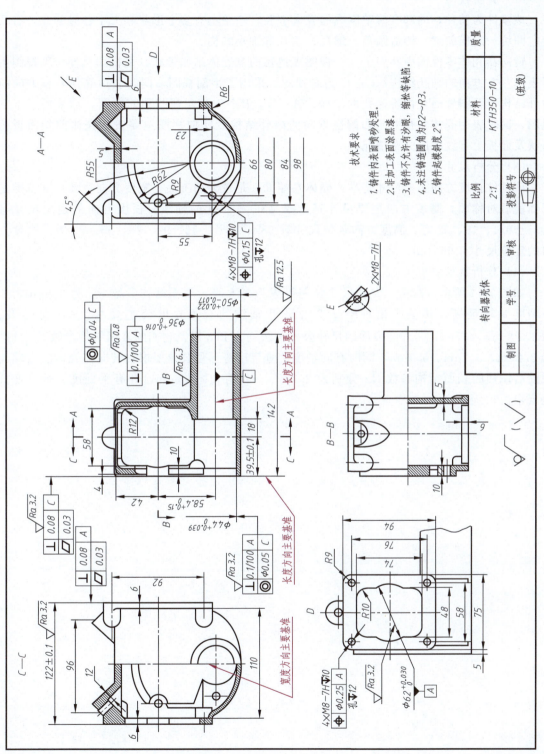

图 7-44 转向器壳体零件图

是一种黑心可锻铸铁,绘图比例2:1。

(2) 分析视图

该零件为铸件,内部有薄壁围成的较大空腔,箱壁上有多个形状和大小各异的孔,有凸台、凹坑、起模斜度、铸造圆角、螺孔、销孔等细小结构。

转向器壳体零件图中共用了6个视图表达转向器壳体结构形状。主视图选择全剖视图主要表达左右方向的轴孔结构,$C-C$ 为右视图,采用了半剖视图,同时表达壳体右视方向的内外结构以及斜置凸台内阶梯孔的结构。$A-A$、$B-B$ 为左视图和俯视图,均采用了半剖视图,同时表达壳体左视方向和俯视方向的内外结构,D 向视图主要表达壳体前端面板的形状及面板上螺纹孔的分布情况。

(3) 分析尺寸

该零件长度方向主要尺寸基准为壳体左端面,是较大加工面,宽度方向主要尺寸基准是壳体前后对称面,高度方向主要尺寸基准是 $\phi 36^{+0.016}_{\ 0}$ 孔的轴线。长度方向的定位尺寸有 39.5±0.1、18、58 等,高度方向定位尺寸有 $58.4^{+0.015}_{\ 0}$、42、92、23、55、76 等,宽度方向的定位尺寸有 66、80、96 等。

(4) 分析技术要求

如图 7-44 所示,$\phi 36^{+0.016}_{\ 0}$ 孔尺寸公差等级为 IT6 级,表面结构参数 Ra 为 $0.8\mu m$,加工精度要求最高,其轴线相对于 $\phi 62^{+0.030}_{\ 0}$ 孔轴线的有垂直度公差要求;$\phi 44^{+0.039}_{\ 0}$ 孔、$\phi 62^{+0.030}_{\ 0}$ 孔、$\phi 50^{+0.022}_{-0.017}$ 外圆表面的尺寸公差等级均为 IT8 级,它们的表面结构参数 Ra 分别为 $3.2\mu m$、$3.2\mu m$、$6.3\mu m$,同时有同轴度、垂直度等形位公差要求;转向器壳体左右端面及前后端面的表面结构参数 Ra 分别为 $3.2\mu m$、$12.5\mu m$、$3.2\mu m$,并有平面度、垂直度公差要求。

第8章 读装配图

8.1 装配图的作用与内容

8.1.1 装配图的作用

装配图是用来表达机器或部件的工作原理、装配关系、结构形状和技术要求的图样，用以指导机器或部件的装配、检验、调试、安装、维修等，是机械设计、制造、使用、维修以及进行技术交流的重要技术文件。

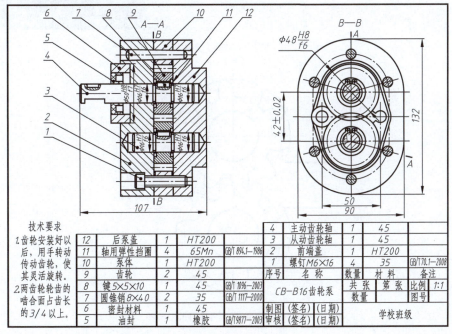

图 8-1 齿轮泵装配图

8.1.2 装配图的内容

装配图的内容

图 8-1 是齿轮泵装配图，图 8-2 是齿轮泵实物图，图 8-3 是齿轮泵工作原理示意图。从图 8-1 齿轮泵的装配图可以看出，一张完整的装配图包括以下四项基本内容。

1. 一组视图

选择一组图形，采用适当的表达方法，用来表达机器或部件的工作原理、零件间的装配关系、连接方式及主要零件的结构形状等。画装配图，除了零件图所有表示方法都适用以外，装配图还有一些特定的表示方法。

2. 必要的尺寸

标注出与机器或部件的性能、规格、装配和安装有关的尺寸。

3. 技术要求

用符号、代号或文字说明装配体在装配、安装、调试等方面应达到的技术指标。

4. 标题栏及明细表

在装配图上，必须对每个零件编号，并在明细栏中依次列出零件序号、名称、数量、材料、标准件代号等。标题栏中，写明装配体的名称、图号、绘图比例以及有关人员的签名等。

图 8-2 齿轮泵实物图

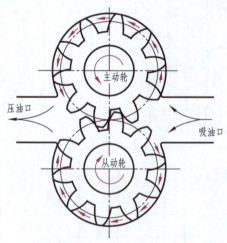

图 8-3 齿轮泵工作原理示意图

8.2 装配图的表达方法

8.2.1 装配图的规定画法

在零件图上所采用的各种表达方法同样也适用于画装配图，但两种图样的要求不同，所表达的侧重面也不同。装配图应该表达出装配体的工作原理、装配关系和主要零件的主要结构形状。下面仅说明与装配图表达有关的内容。

1. 实心零件画法

在装配图中，对于紧固件以及轴、键、销等实心零件，若按纵向剖切，且剖切平面通过其对称平面或轴线时，这些零件均按不剖绘制，如图 8-1 中的 1、4、7、8 号零件，分别是螺钉、轴、销、键，在剖视图中按不剖绘制。如果需要特别表明这些零件上的局部结构，如凹槽、键槽、销孔等，可用局部剖视表示，如图 8-1 中用局部剖视表示键的位置。

2. 相邻零件的轮廓线画法

两相邻零件的接触面或配合面，只画一条共有的轮廓线；不接触面和不配合面分别画出两条各自的轮廓线，如图 8-4 所示。

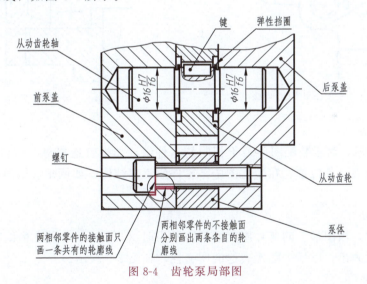

图 8-4　齿轮泵局部图

3. 相邻零件的剖面线画法

相邻的两个（或两个以上）金属零件，剖面线的倾斜方向应相反，或者方向一致而间隔不等以示区别。剖面区域厚度小于 2mm 的图形可以涂黑来代替剖面符号，如图 8-4 中所示弹性挡圈。

8.2.2 装配图的特殊画法

1. 拆卸画法

在装配图中，可假想沿某些零件的结合面剖切，即将剖切平面与观察者之间的零件拆掉后再进行投射，此时在零件结合面上不画剖面线。但被切部分（如螺杆、螺钉等）必须画出剖面线。如图 8-1 所示，为了表示主动齿轮和从动齿轮的啮合情况、键连接装配关系、螺钉及销的分布情况，左视图是沿前泵盖与泵体的结合面剖开画出的。

当装配体上某些零件，其位置和基本连接关系等在某个视图上已经表达清楚时，为了避免遮盖某些零件的投影，在其他视图上可假想将这些零件拆去不画。如图 8-1 的左视图就是拆去前泵盖 2、油封 5 和密封衬套 6 画出的。当需要说明时，可在所得视图上方注出"拆去×××"字样。

2．假想画法

当需要表示某些零件的位置或运动范围和极限位置时，可用细双点画线画出该零件的轮廓线，如图 8-5 中的手柄的极限位置。

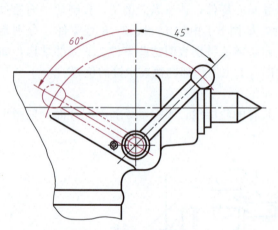

图 8-5　装配图的假想画法

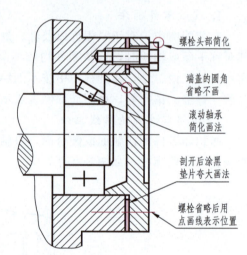

图 8-6　装配图的简化和夸大画法

3．简化画法

如图 8-6 所示，对于装配图中若干相同的零件组，如螺钉连接等，可详细地画出一处，其余用细点画线表示其位置。在装配图中，零件的工艺结构，如倒角、圆角、退刀槽等允许不画。

4．夸大画法

在装配图中，当图形上的薄片厚度或间隙较小时（≤2mm），允许将该部分不按原比例绘制，而是夸大画出，以增加图形表达的明显性，如图 8-6 所示。

5．展开画法

当轮系的各轴线不在同一平面内时，为了表示传动关系及各轴的装配关系，可假想用剖切平面按传动顺序沿它们的轴线剖开，然后将其展开画出图形，这种表达方法称展开画法，如图 8-7 所示。这种展开画法，在表达机床的主轴箱、进给箱以及汽车的变速器等较复杂的变速装置时经常使用。

6．单独表示法

在装配图中，有时要特别说明某个零件的结构形状，可以单独画出该零件的某个视图，但要在所画视图的上方注写该零件的视图名称，在相应视图附近用箭头指明投影方向，并注上相同的字母。

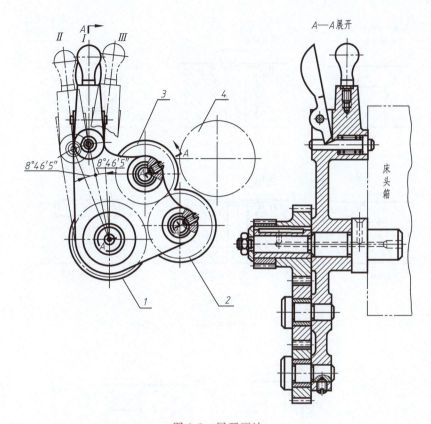

图 8-7 展开画法

8.2.3 装配图常见工艺结构

在绘制装配图时,应考虑装配结构的合理性,以保证机器和部件的使用性能,连接可靠,便于零件装拆。

1. 接触面及配合面

两零件以平面接触时,在同一个方向上只能有一对接触面,同轴向只有一对圆柱面接触,如图 8-8(a)、(b)所示。

两零件以圆柱面接触时,接触面转折处必须加工有倒角、倒圆或退刀槽,以保证良好的接触,如图 8-9(a)、(b)所示。

2. 螺纹连接的结构

为了保证螺纹旋紧,应在螺纹尾部留出退刀槽或在螺孔端部加工出凹坑或倒角,如图 8-10 所示。

为了保证连接件与被连接件间接触良好,被连接件上应做成沉孔或凸台,被连接件通孔的直径应大于螺孔大径或螺杆直径,如图 8-11 所示。

3. 其他结构

(1) 为了保证轴上零件的并紧,防止轴向窜动,应使轮毂宽尺寸 B 大于与之配合的轴段尺寸 L,如图 8-12 所示。

(2) 当用螺栓连接时,应考虑足够的安装和拆卸空间,如图 8-13、图 8-14 所示。

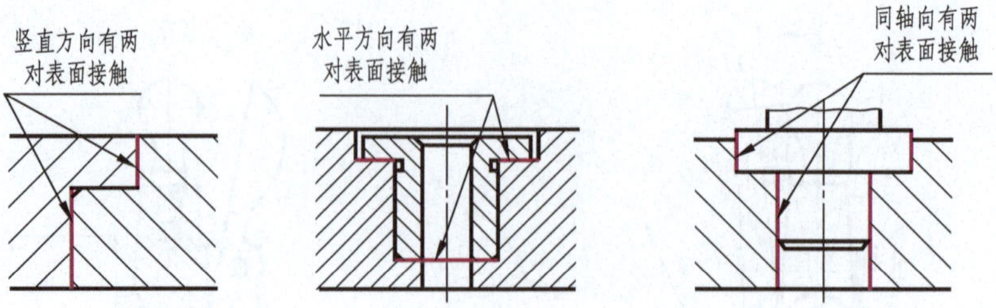

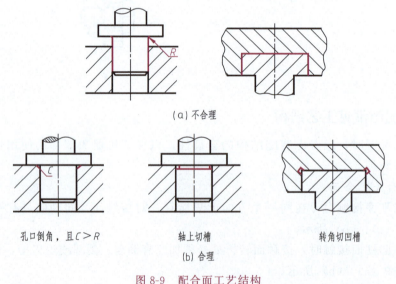

图 8-8 两零件的接触面工艺结构

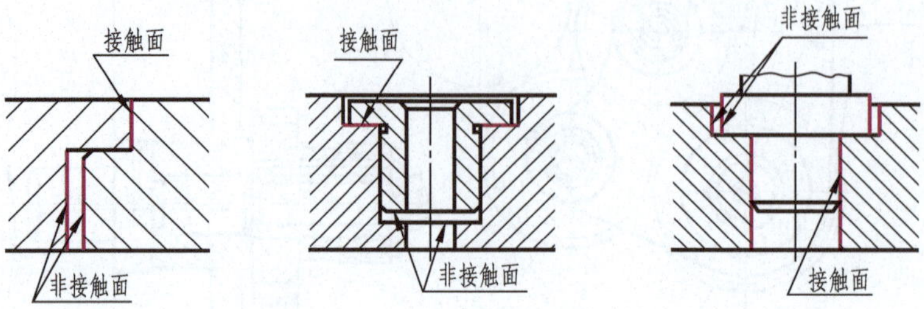

图 8-9 配合面工艺结构

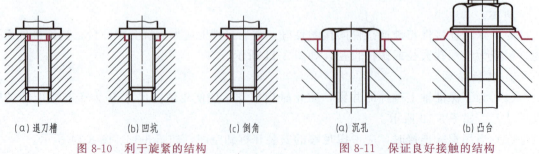

图 8-10 利于旋紧的结构　　图 8-11 保证良好接触的结构

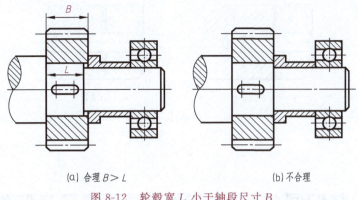

图 8-12　轮毂宽 L 小于轴段尺寸 B

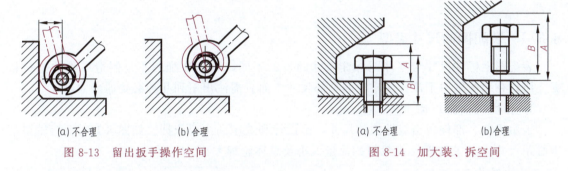

图 8-13　留出扳手操作空间　　　　　图 8-14　加大装、拆空间

（3）在用孔肩或轴肩定位滚动轴承时，应考虑维修时拆卸的方便与可能。即孔肩高度必须小于轴承外圈厚度；轴肩高度必须小于轴承内圈厚度，如图 8-15 所示。

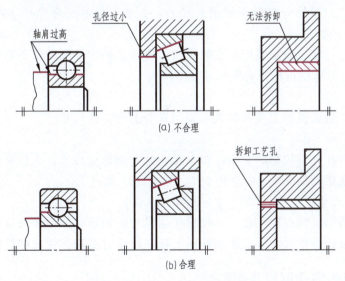

图 8-15　便于拆装的装配工艺结构

（4）为使两零件装配时准确定位及拆卸后不降低装配精度，常用圆柱销或圆锥销将两零件定位，如图 8-16（a）所示。为了加工和拆卸的方便，在可能时将销孔做成通孔，如图 8-16（b）所示。

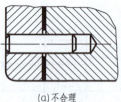 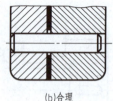

(a) 不合理　　　　　　　　(b) 合理

图 8-16　销定位结构

8.3　装配图的尺寸标注、零件编号及明细栏

8.3.1　装配图的尺寸类型

装配图上标注尺寸与零件图标注尺寸的目的不同，因为装配图不是制造零件的直接依据，所以在装配图中不需标注零件的全部尺寸，而只需注出下列几种必要的尺寸。

1. 规格（性能）尺寸

表示机器、部件规格或性能的尺寸，是设计和选用的主要依据。如图 8-1 所示齿轮泵的中心距尺寸 42，它决定了齿轮泵的流量大小及总体轮廓大小。

2. 装配尺寸

装配尺寸是表示零件之间装配关系的尺寸，如配合尺寸和重要相对位置尺寸，用以保证机器（或部件）装配性能的尺寸。

（1）配合尺寸：零件间有配合要求的尺寸，如图 8-1 中配合尺寸 $\phi 50H7/p6$、$\phi 16H7/f6$、$\phi 48H7/p6$ 等。

（2）相对位置尺寸：表示装配体在装配时需要保证的零件间较重要的相对位置尺寸，如图 8-1 中主动齿轮与从动齿轮中心距尺寸 42。

3. 安装尺寸

表示将部件安装到机器上或将整机安装到基座上所需的尺寸。

4. 外形尺寸

表示机器或部件外形轮廓的大小，即总长、总宽和总高尺寸。为包装、运输、安装所需的空间大小提供依据。如图 8-1 中总长 107、总宽 90、总高 132。

5. 其他重要尺寸

根据装配体的结构特点和需要，必须标注的尺寸，如运动件的极限位置尺寸、零件间的主要定位尺寸、设计计算尺寸等，在装配图上标注尺寸时要根据情况作具体分析。

8.3.2　装配图的零件编号及明细栏

1. 装配图中的零（部）件序号

为了便于看图和图样管理，对装配图中所有零件均需编号。同时，在标题栏上方的明细表中与图中序号一一对应地予以列出。

零、部件序号及其编排方法如下所述：

(1) 编写序号的常见形式如下：在所指的零、部件的可见轮廓内画一圆点，然后从圆点开始画指引线（细实线），在指引线的另一端画一水平线或圆（也都是细实线），在水平线上或圆内注写序号，序号的字高应比尺寸数字大一号或两号，如图 8-17（a）所示；对很薄的零件或涂黑的断面，可在指引线末端画箭头，并指向该部分的轮廓，如图 8-17（b）所示。

(2) 指引线互不相交；当它通过有剖面线的区域时，不应与剖面线平行，如图 8-17（b）所示；必要时指引线可以画成折线，但只允许曲折一次，如图 8-17（c）所示。

(3) 一组紧固件以及装配关系清楚的零件组，可采用公共指引线，如图 8-17（d）、图 8-18 所示。

(4) 装配图中的标准化组件（如油杯、滚动轴承、电机等）看作为一个整体，只编写一个序号。

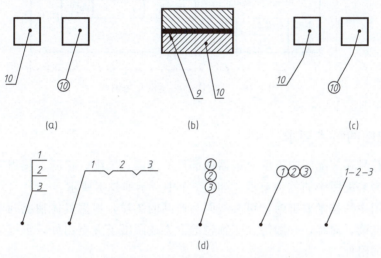

图 8-17　零件序号的编写形式

(5) 零、部件序号应沿水平或垂直方向按顺时针（或逆时针）方向顺次排列整齐，并尽可能均匀分布，如图 8-1、图 8-18 所示。

(6) 部件中的标准件，可以与非标准零件同样地编写序号；也可以不编写序号，而将标准件的数量及规格直接用指引线标明在图中。

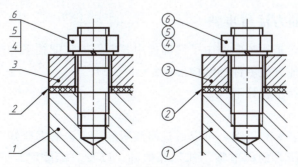

图 8-18　零件序号的编写形式

2. 装配图的明细栏

明细栏是机器或部件中全部零、部件的详细目录，应画在标题栏的上方，零、部件的序号应自下而上填写。地位不够时，可将明细栏分段画在标题栏的左方。当明细栏不能配置在标题栏的上方时,可作为装配图的续页,按 A4 幅面单独绘制,其填写顺序自下而上。图 8-19所示的明细栏格式可供学习时使用。

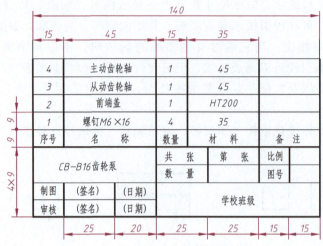

图 8-19　装配图的标题栏和明细栏

8.3.3　装配图的技术要求

用文字或符号在装配图中说明对机器或部件的性能、装配、检验、使用方法的要求和条件,这些统称为装配图中的技术要求。如图 8-1 中所示的技术要求。

编制装配图中的技术要求时,可参阅同类产品的图样,根据具体情况确定。技术要求中的文字注写应准确、简练,一般写在明细栏的上方或图纸下方空白处,也可另写成技术要求文件作为图样的附件。

8.4　读汽车装配图

8.4.1　读装配图的方法与步骤

读装配图的目的,是从装配图中了解部件中各零件的装配关系和部件的工作原理,分析和读懂主要零件及其他有关零件的结构形状。

读装配图的方法和步骤如下:

1. 概括了解

(1) 了解部件的名称和用途,可以通过阅读明细栏、说明书获知。

(2) 了解部件中所含的标准零、部件和组件,以及非标准零、部件和组件的名称与数量;对照零、部件和组件序号,在装配图上查找这些零、部件和组件的位置。组件是部件中所含的多个零件集成的单元。

(3) 对视图进行分析,根据装配图上视图的表达情况,明确视图间的投影关系,剖视图、断面图的剖切位置及投射方向,从而搞清楚各视图的表达重点。

通过以上内容的了解，并参阅有关尺寸，对部件有个概括的印象。

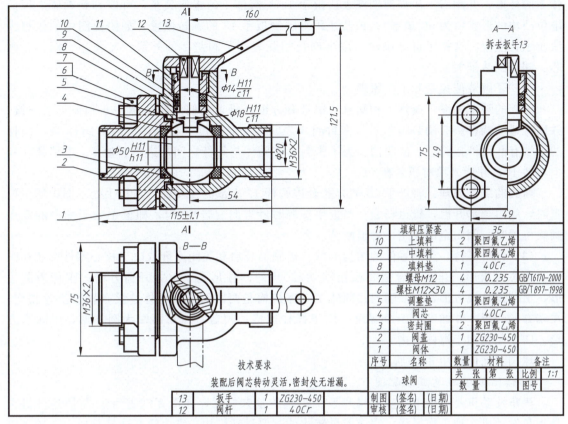

图 8-20　球阀装配图

2. 了解装配关系和工作原理

对照视图仔细研究部件的装配关系和工作原理，是读装配图的一个重要环节。在概括了解的基础上，分析各条装配干线，弄清楚零件间相互配合的要求，以及零件的定位、连接方式、密封等问题。再进一步搞清运动零件与非运动零件的相对运动关系。

经过以上观察分析，就可以对部件的工作原理和装配关系有所了解。

3. 分析零件，弄懂零件的结构形状

分析零件，就是弄清楚每个零件的结构形状及作用。一般先从主要零件着手，然后是其他零件。当零件在装配图中表达不完整时，可对有关的其他零件仔细观察和分析，然后再作结构分析，从而确定该零件的内外结构形状。

8.4.2　汽车装配图识读案例

1. 读球阀装配图

（1）概括了解。从标题栏中零件名称可知该部件为球阀，球阀是用来切断或接通管路的装置。对照明细表和图中序号可知该装置共有 13 种、21 个零件装配组成，除螺柱 6、螺母 7 外，其余零件均为非标准件。

如图 8-20 所示，球阀装配图用了三个视图进行表达。主视图采用全剖视图，剖切平面通过了球阀的前后对称面，同时表达以阀芯 4 为核心的左右通道装配干线和以阀杆 12 为核

心装配干线，反映球阀的工作原理和各零件间的装配关系；俯视图表达主要零件阀盖2和阀体1的外形，并用B—B局部剖视表达扳手13与阀体1的连接关系，可以看到阀体1顶部限位凸块的形状（为90°扇形），该凸块用来限制扳手13的旋转位置，如俯视图中的假想画法所示；左视图选择了拆卸画法，用半剖视图既表达了阀盖2的外形，又表达了阀体、阀芯、阀杆的装配关系。

（2）了解装配关系和工作原理。

球阀的装配关系：阀体1和阀盖2都带有方形凸缘，它们用四个螺柱6和螺母7连接，并用合适的调整垫5调节阀芯4与密封圈3之间的松紧程度。在阀体上部有阀杆12，阀杆的下端有凸块榫接阀芯4的凹槽。为了密封，在阀体与阀杆之间加进填料垫8、中填料9和上填料10，并旋入填料压紧套11。

球阀的工作原理：将扳手13的方孔套进阀杆12上部的四棱柱，当扳手处于图中所示位置时，阀门全部开启，管道畅通；当扳手按顺时针方向旋转90°时，即扳手处于图中的双点画线位置时，阀门全部关闭，管道断流。

（3）分析零件，弄懂零件的结构形状。球阀的开启和关闭原理取决于核心零件阀芯和阀杆。阀芯为球形，开有与管道直径相同（$\phi 20$）的圆柱形孔，上方开通方槽；阀杆为圆柱形，上端设计成方形，下端削扁；阀体1主体结构是两圆筒通过球体连接，轴线垂直相交，左端方形凸缘，并加工有四个螺纹孔用于螺柱连接；阀盖2左右两端为圆柱形，中间为方形，四个光孔用于螺柱连接。

球阀装配体如图8-21所示。

2. 读活塞连杆总成装配图

汽车发动机是一种由许多机构和系统组成的复杂机器，如图8-22所示。曲柄连杆机构是汽车发动机实现工作循环，完成能量转化的主要运动机构，它由活塞连杆总成、曲轴飞轮总成和机体组等组成。在做功行程中，活塞承受燃气压力在气缸内作直线运动，通过连杆转换成曲轴的旋转运动，并从曲轴对外输出动力。而在进气、压缩和排气行程中，飞轮释放能量又把曲轴的旋转运动转换成活塞的直线运动。总的来说，活塞连杆总成是发动机将燃料燃烧后发出的热能转换成机械能的重要部件。活塞连杆总成装配图如图8-23所示。

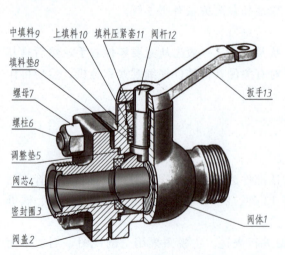

图8-21 球阀装配体

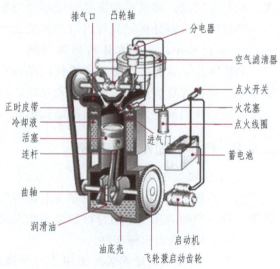

图8-22 单缸汽油机的结构

第8章 读装配图

(1) 概括了解。读标题栏可知该部件名称为活塞连杆总成。从标题栏上方的明细表可知活塞连杆部件由 14 种不同规格种类的零件组成,其中有三种标准件,分别是连杆螺栓 9、连杆螺母 12 和开口销 13。

(2) 视图分析。活塞连杆总成选择了主视图、左视图和移出断面图。主视图采用局部剖视图来表达部件中活塞销 6 与活塞 1、连杆衬套 7 及锁环 5 等零件之间的装配连接关系,同时表达了上活塞环 2、中活塞环 3、油环 4 与活塞的装配关系,活塞的内部主要结构也得以表达。左视图则主要反映活塞和连杆零件的主要结构形状。移出断面图 $A—A$ 表达连杆大头和小头之间的断面结构形状。

(3) 尺寸分析。图中 $\phi 28 N6/h5$ 为过盈配合,工作中活塞销 5 与活塞之间相对静止,而 $\phi 28 H6/h5$ 为最小间隙为零的间隙配合,工作中活塞销与连杆衬套相对转动;217 ± 0.05 为装配尺寸,即活塞连杆总成中活塞销轴线与连杆大头孔(与曲轴连杆轴颈配合)轴线之间的距离。

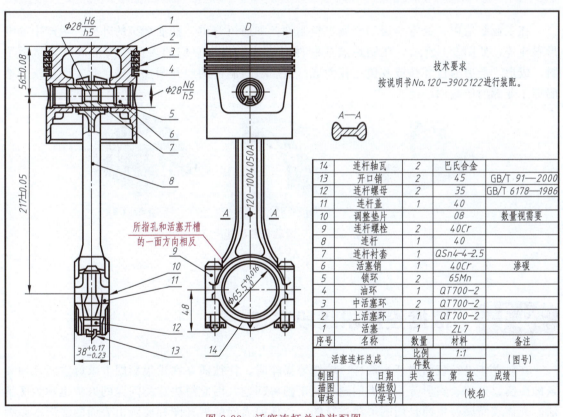

图 8-23 活塞连杆总成装配图

第9章 钣金图与焊接图

在工业制造中，经常会遇到金属板料制件，如通风管道、抽油烟机的外壳、生产中的变形料斗等，如图9-1所示。在制造这些制件时，首先要将它们的表面按实形展开，然后下料、成形，最后通过焊接或咬缝连接而成。金属板料制件的展开图在机械、化工、建筑、造船等工业部门中应用广泛。

(a) 三通管

(b) 变径弯管

(c) 方圆过渡接管

图9-1 金属板料制件

9.1 根据投影求线段实长

在对立体进行表面展开、放样、咬缝等操作时，往往需要在正投影图上求解空间几何要素的距离、夹角、实形等，这类问题均属于图解问题，因此解决这类问题的方法也称为图解法。立体表面展开主要是用图解法进行的。作任何表面的展开图都要画出表面的实形，归根结底是要求出直线段的实长，以及画出空间各种平面的实形，如三角形、矩形、梯形等，用来拼画成整张表面的展开图。可见求线段实长是立体表面展开的关键和基础。

由投影求线段实长常用的方法有直角三角形法、投影变换法和支线法等。

9.1.1 直角三角形法求线段的实长

在图9-2（a）中，AB 为一般位置直线，其投影不反映实长。若过点 A 作 $AB_0//ab$，可得一直角三角形 AB_0B，其直角边 $AB_0=ab$，$BB_0=Z_B-Z_A$（A、B 的 Z 坐标差），斜边 AB 就是所求的实长，AB 与 AB_0 的夹角就是 AB 对 H 面的倾角 α。由投影图中的两直角边长即可画出空间的直角三角形。为作图简便，一般将直角三角形画在如图 9-2（c）、（d）中所示的正面投影或水平投影的位置。

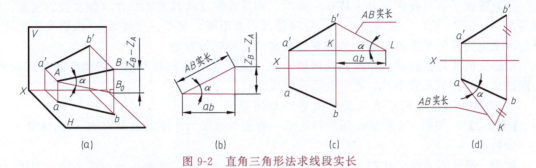

图 9-2　直角三角形法求线段实长

直角三角形法的作图要领如下：
(1) 以线段一个投影的长度为一条直角边。
(2) 以线段的两端点垂直于该投影面的坐标差作为另一直角边（坐标差在另一投影面上量取）。
(3) 作直角三角形的斜边，即为线段的实长。
(4) 斜边与线段投影的夹角即为线段与该投影面的倾角。

【例 9-1】　已知直线 AB 的实长等于 30mm，并知投影 $a'b'$ 及 a，如图 9-3（a）所示，试作出线段 AB 的水平投影。

分析：

解题有正推与反推两种思路。正推是从已知条件推导出所求结果。本题从已知条件 $a'b'$ 可得到 A 和 B 的 Z 坐标差，即 9-3（b）中的 Z 差，由 Z 坐标差作直角边，实长作斜边，画一直角三角形，则另一直角边即为 AB 的水平投影长 s。而反推的思路是从要求的结果反回去找需要的已知条件。如本题要求点 B 的水平投影 b，需要知道 AB 的水平投影长 s，要求 ab 的长度又需要知道 AB 的 Z 差和实长，而这两项正好在已知条件中。

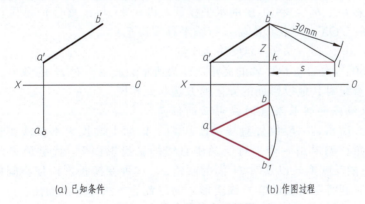

图 9-3　求直线的水平投影

作图：

(1) 以 b' 为圆心，30mm 为半径画弧，与过 a' 的水平线交于 l，则 kl 为水平投影长 ab，如图 9-3（b）所示。
(2) 再以 a 为圆心，kl 为半径画弧，交 $b'k$ 的延长线于点 b 和 b_1，连接 ab 和 ab_1 即为 AB 的水平投影。本题有两解，如图 9-3（b）所示。

9.1.2 投影变换法求线段实长

当直线或平面与投影面处于特殊位置时,则其投影反映其某种特性(如实长、实形、倾角等),并且可方便解决某些度量和定位问题(如求距离、交点、交线等)。投影变换法就是通过改变空间几何元素对投影面的相对位置来简化解题的方法。

投影变换法包括旋转法和换面法两种方法。旋转法是投影面不动,转动空间几何元素。换面法是空间几何元素不动,改变投影面位置。

1. 旋转法求线段的实长及其对投影面的倾角

【例9-2】 如图9-4所示,用旋转法求一般位置线段 AB 实长及其对 H 面的倾角。

分析:

欲求一般位置直线 AB 的实长和 α 角,需把直线 AB 绕铅垂轴旋转成正平线。为作图简便,使该轴过直线的一个端点,如 A 点,则只旋转 B 点即可。

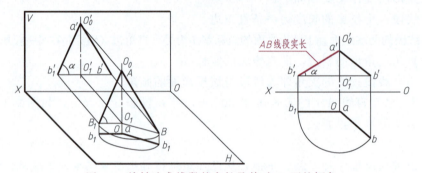

图 9-4 旋转法求线段的实长及其对 H 面的倾角

作图:

(1) 过点 A 作铅垂轴 O_0O_1,并延长交 H 面于 o 点,则点 A 的正面投影 a' 必在 O_0O_1 轴的正面投影 $O_0'O_1'$ 上,$O_0'O_1' \perp OX$。

(2) 求新投影 b_1、b_1':将点 B 的水平投影 b 以 o(o 与 a 重合)为圆心,ab 长为半径旋转至 b_1,使 $ab_1 // OX$,b' 沿 OX 轴平行线平移变换至 b_1'。

(3) 连接 $a_1'b_1'$、ab_1:$a_1'b_1'$ 即反映 AB 的实长。

(4) 确定 α 角:$a'b_1'$ 与 OX 轴的夹角 α 即为所求线段 AB 对 H 的倾角。

求一般位置直线对其他投影面的倾角的方法与此相同。

2. 换面法求线段的实长及其对投影面的倾角

如图9-5 (a) 所示,一般位置直线 AB 在 H、V 面上的投影不反映实长,也不反映直线对投影面的倾角。如果用一个平行于 AB 直线的新投影面 V_1 代替原来的投影面 V,则 AB 在 V_1 面上就能反映实长以及对 H 面的倾角 α。这种变换投影面使空间的直线或平面在新投影面上处于有利解题(反映实长或实形)的位置的方法称为换面法。

用换面解题时应遵循下列两原则:

(1) 选择新投影面时,应使几何元素处于有利于解题的位置;

(2) 新投影面必须垂直于原投影面体系中不被变换的投影面,并与它组成新投影面体系,必要时可连续变换。

如图9-5,新投影面必须垂直于不变换的投影面,即 $V_1 \perp H$,X_1 为新投影轴。这时,不变换投影面上的投影 a、b 与 V_1 面上的新投影 a_1'、b_1' 的投影连线 $aa_1' \perp X_1$,$bb_1' \perp X_1$。并且 a_1'、b_1' 到 X_1 的距离等于被代替的投影 a'、b' 到被代替的投影轴的距离,即 a_1'

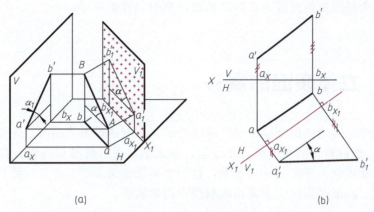

图 9-5 将一般位置直线变换成投影面平行线

$a'_1 a_{X_1} = a' a_X = Aa = Z_A$，$b_1' b_{X_1} = b' b_X = Bb = Z_B$。

如图 9-5（b）所示，用换面法求直线的实长及其对投影面的倾角的作图步骤：

(1) 在适当位置作新投影轴 $X_1 \mathbin{/\mkern-5mu/} ab$；

(2) 分别过 a、b 作新投影轴 X_1 的垂线 aa_{X_1}、bb_{X_1}，并在其延长线上分别取 $a_{X_1}a_1' = a'a_X$，$b_{X_1}b_1' = b'b_X$；

(3) 连接 $a_1'b_1'$，即为直线 AB 在 V_1 面上的新投影。

根据投影面平行线的投影特性可知，AB 的新投影 $a_1'b_1'$ 反映实长，其与 X_1 轴的夹角反映 AB 对 H 面的倾角 α。

3. 换面法求投影面垂直面的实形

如图 9-6（a）所示，△ABC 为铅垂面，作新投影面 V_1 平行于△ABC，则△ABC 在 V_1 面上的投影反映实形。由于已知平面垂直于 H 面，因此，所作新投影轴 X_1 必与已知平面的积聚性投影平行。

作图步骤：如图 9-6（b）所示

(1) 在适当位置作新投影轴 $X_1 \mathbin{/\mkern-5mu/} \triangle abc$；

(2) 作出△ABC 各顶点的新投影 $a_1'b_1'c_1'$ 即为所求。

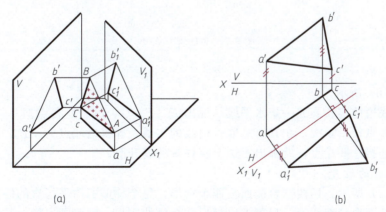

图 9-6 换面法求垂直面的实形

换面法在解决实际问题时，有时经一次换面不能全面解决问题，还必须经过两次或多次换面，其原理与一次换面相同，只是将作图过程依次重复一次。但必须注意，在多次换面时，必须是在一个投影更换完后，在新的两面体系中交替更换另一个。

9.2 立体表面的展开

生产和生活中经常遇到由金属板材制成的产品，在制造这类产品时，先要画出相应的展开图（即放样），然后根据图样下料，经过弯、卷成形，最后将其焊（铆）接而成。将物体表面按其实际形状依次摊平在同一平面上，称为物体的表面展开。展开后得到的图形称为物体的表面展开图。画展开图的实质就是求制件表面的实形。

9.2.1 平面立体的表面展开

平面立体的表面都是平面多边形，所以表面展开实质是求出属于立体表面的所有多边形的实形，并按一定顺序排列摊平。

1. 棱柱管的展开

如图 9-7（a）所示的棱柱管投影图，其底面的边长和棱面的棱长都为已知，由此即可作出其展开图。

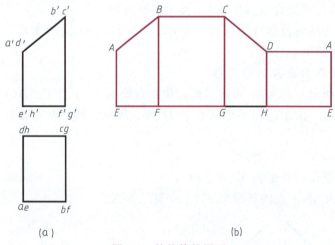

图 9-7 棱柱管的展开

作图过程：

如图 9-7（b）所示。

(1) 按各底边的实长展成一条水平线，标出 E、F、G、H、E 各点。

(2) 由这些点作铅垂线，在其上量取各棱线的实长，即得诸端点 A、B、C、D、A。

(3) 顺次连接这些端点，就画出了这个棱柱管的展开图。

2. 四棱锥台的展开

如图 9-8（a）所示，四棱锥台侧面是四个梯形，每个梯形的两平行边的俯视图均反映实长，每个梯形的两个腰都相等。只需求出梯形两个腰的实长，则可画出梯形的实形。

作图过程：

(1) 求棱线实长

如图9-8（b），以 sb 之长作水平线 OB_1。作铅垂线 OS_1，等于四棱锥之高 H，S_1B_1 即为棱线 SB 的实长。在 OS_1 上，量棱锥台的高 H_1，并作水平线，与 S_1B_1 交得 A_1，则 S_1A_1 即为延长的棱线实长。

（2）作展开图

如图9-8（c）所示，以棱线和底边的实长作出三角形 SBD、SBH、SHF、SDF，得四棱锥的展开图。再在各棱线上，截去延长的棱线的实长，得点 C、A、G、E、C，顺次连接，即得这个四棱锥台的展开图。

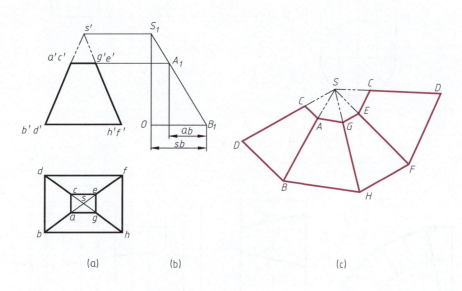

图 9-8 四棱台的展开

9.2.2 曲面立体的表面展开

在圆柱上取若干素线，将圆柱假想成棱柱，并将棱柱底面的各边长换成弧长，则可用平面立体的展开图画法画圆柱面的展开图。

1. 斜口圆柱管的展开

如图9-9（a）为斜口圆柱管的 V、H 面投影，它是圆柱被正垂面斜截而成，其表面素线互相平行且垂直于底口并反映实长，只要在圆柱表面的展开图上找到斜截口各点的投影，即可求出其表面展开图。

作图过程如图9-9（b）所示：

（1）把底圆若干等分（例如12等分），并作出相应素线的正面投影，如 $1'b'$、$2'c'$、…、$5'f'$ 等。

（2）展开底圆得一水平线，其长度为 πD。在水平线上，从 O 起按分段数目计算各分段长度，量得 0、Ⅰ、Ⅱ…点。如准确程度要求不高时，则可按底圆分段各弧的弦长量取。由各点 0、Ⅰ、Ⅱ…作铅垂线，在其上量取各素线的实长，得端点 A、B、C…。

（3）以光滑曲线连接 A、B、C…各点，即得斜口圆柱管的展开图。

2. 等径直角弯管的展开

如图9-10（a），等径直角弯管由五节斜口圆柱管组成，中间三节为全节，两端为两个半节，共四个全节组成弯管。

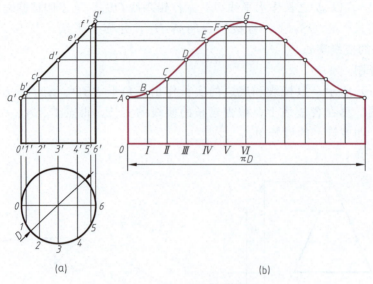

图 9-9 斜口圆柱管的展开

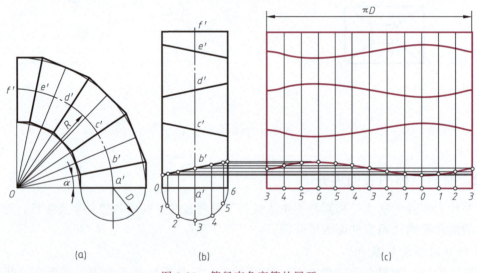

图 9-10 等径直角弯管的展开

如图 9-10 (a)，作弯管的正面投影：

(1) 过任意点 O 作水平线和铅垂线，以 O 为圆心、R 为半径，在这两直线间作圆弧。

(2) 分别以 $R-\dfrac{D}{2}$ 和 $R+\dfrac{D}{2}$ 为半径画内外圆弧。

(3) 由于整个弯管由三个全节和两个半节组成，因此，半节的中心角 $\alpha=\dfrac{90°}{8}=11°5'$，按 $11°15'$ 将直角分成八等分，画出弯管各节的分界线和各全节的对称线。

(4) 作出外切于各弧段的切线，完成五节直角弯管的正面投影。

作展开图过程：

(1) 把弯管的 BC、DE 两节分别绕其轴线转 $180°$，各节可拼成一个圆柱管，如图 9-10 (b)。

(2) 按照斜口圆管展开的方法展开半节。

(3) 把半节的展开图作为样板，画出弯管各节展开曲线，如图 9-10 (c)。

3．异径正三通管的展开

如图 9-11 (a)，作异径正三通管的相贯线：

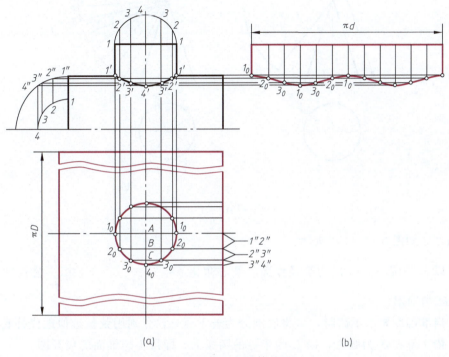

图 9-11　异径正三通管的展开

(1) 把小圆管顶端的前半圆绕直径旋转至平行于正面，并六等分。作出小圆管上诸等分素线，把它们想象为一系列平行于正面的辅助平面与小圆管相截或相切所得到的截交线或切线。

(2) 把大圆管左端上方的 1/4 圆旋转至平行于正面。再用小圆管的半径作出 1/4 的圆，进行三等分，由这些分点 1、2、3、4 作铅垂线，与表示大圆管口的 1/4 圆交得 1″、2″、3″、4″等点。再由点 1″、2″、3″、4″作出大圆管上的诸素线。可以想象出这些素线就是上述一系列相应的辅助平面（正平面）与大圆管上部所截得的截交线。

(3) 大、小圆管相同编号的素线的交点 1′、2′、3′、4′，就是各辅助平面分别与大、小圆管的截交线或切线的交点，即为相贯线的点。顺序连接这些点的正面投影，就是相贯线的正面投影。

如图 9-11 (b)，作展开图过程：

(1) 作小圆管展开图的作法与作斜口管展开图相同。

(2) 作大圆管展开图：先作出整个大圆管的展开图。然后，在铅垂的对称线上，由点 A 分别按弧 1″2″、2″3″、3″4″量得 A、B、C、4_0 各点，由这些点作水平线的素线，相应地从正面投影 1′、2′、3′、4′各点引铅垂线，与这些素线相交，得 1_0、2_0、3_0、4_0 等点。同样地可作出后面对称部分的各点。连接这些点，就得到相贯线的展开图。

4．正圆锥面的展开

如图 9-12 (a) 所示正圆锥面展开为扇形。

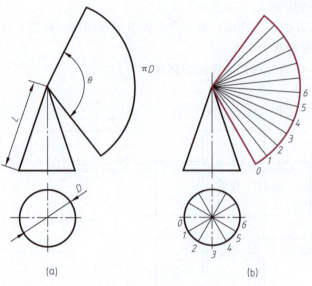

图 9-12 正圆锥面的展开

作图方法如图 9-12（b）所示：

（1）以 S 为圆心，以 L 为半径作弧，圆心角由 $\theta = \dfrac{360° \cdot \pi D}{2\pi L} = 180° \dfrac{D}{L}$ 公式计算，得一弧度为 πD 的扇形。

（2）当准确度要求不高时，可将底圆分为若干等分，分别用弦长近似地代替底圆上的分段弧长，依次量在 S 为圆心，以 L 为半径的圆弧上，即得正圆锥面的展开图。

5. 斜口圆锥管的展开

如图 9-13（a）所示，将圆锥底圆 n 等分（图中取 n＝12），过等分点作 n 条素线，将圆锥面分为 n 个等腰三角形，画出 n 个等腰三角形实形组成扇形展开图。

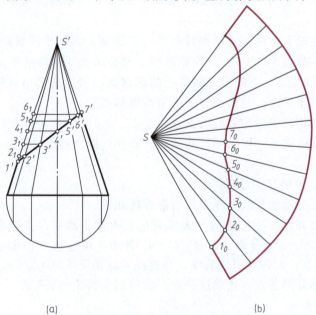

图 9-13 斜口圆锥管的展开

如图 9-13（b）所示作图过程：

（1）先按展开正圆锥管的方法画出延伸后完整的正圆锥面的展开图，再减去上面延伸的部分。

（2）延伸部分的素线除 $s'1'$ 和 $s'7'$ 是正平线的正面投影能反映实长外，其余 $s'2'$、$s'3'$、…、$s'6'$ 等都不反映实长，自 $2'$、$3'$、…、$6'$ 等点作水平线，与 $s'1'$ 相交得 2_1、3_1、…、6_1 等点，则 $s'2_1$、$s'3_1$、…$s'6_1$ 等就是延伸部分素线的真长，把它们量到完整的正圆锥面展开图中的相应素线上去，从而得出斜口展开图上的 1_0、2_0、…点，依次连接各点得斜口圆锥管的展开图。

6. 方圆过渡接管的展开

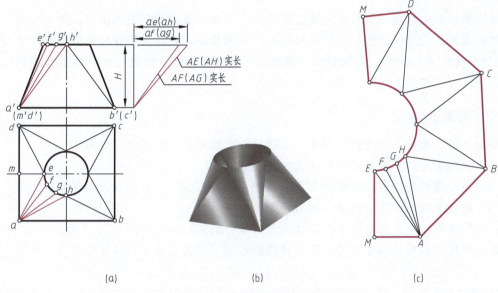

图 9-14 方圆过渡管的展开

方圆过渡接管立体形状如图 9-14（b）所示，其投影图如图 9-14（a）所示。方圆过渡接管由四个等腰三角形和四部分斜圆锥面组成。三角形的两腰为一般位置直线，需求出实长后画出三角形的实形。画锥面的展形图时，可等分顶圆，并作出过等分点的素线。求出各素线的实长，以顶圆各段弦长代替弧长，用几个三角形近似替代斜圆锥作展开图。

作图步骤：

（1）画出接管的投影图，并按上述分析画出平面与锥面的分界线，如图 9-14（a）所示。

（2）将每个锥面分成若干个小三角形，图中分为 3 个。为了作图方便，将圆口作相应的等分，图中为 12 等分。

（3）用直角三角形法求出平面及锥面大小三角形的各边实长，如图 9-14（a）。由于它们具有相同的 Z 坐标，只需依次量取各边的水平投影 ae、af，便可方便地求出它们的实长 AE、AF。大三角形底边的实长可以从水平投影中直接量取，小三角形短边的实长可从水平投影的圆周上量取相邻两分点之间的距离来近似表示。

（4）依次作出各三角形的实形，并将顶圆口展开的各点连成光滑曲线，即得到方圆过渡接管的展开图，如图 9-14（c）所示。

作表面展开时应注意理论联系实际，在完成理论作图后，还需考虑实际产品生产中金属板的厚度。1mm以下的薄板制件，一般用咬缝的方式连接，画展开图时，要增加折边余量；较厚的板件一般采取焊接，在展开图中接口处必须留有修整余量。余量大小应参考有关的设计与生产手册。

9.3 金属薄板制件的咬缝

9.3.1 咬缝

两块板料的边缘或一块板料的两边折转扣合彼此压紧形成牢固的连接，称为咬缝。金属板制件经展开、变形加工后，还要进行连接，成为整体，通常采用焊接连接，但对于较薄板（一般指厚度小于1mm），如镀锌板、薄铝板等，常用咬缝方法进行连接。生产实践中，用咬缝方法进行连接的产品也很多。

9.3.2 咬缝种类

咬缝一般常按接头咬缝放置形式、咬缝折转次数和接头形式进行分类。
(1) 按接头咬缝放置形式分为立式和卧式。
(2) 按咬缝折转次数和程度分为半扣（咬）、单扣（咬）、双扣（咬）和复合扣等。
(3) 按接头结构形式分为平缝和角缝等。
在实际生产中，常常将以上三种分类方法综合起来应用，如图9-15所示。
折边的尺寸与板的厚度有关，常用咬缝形式的工艺过程和下料尺寸如表9-1所示。

表9-1 常用咬缝形式的工艺和下料尺寸

咬缝名称示意图	制作过程	下料尺寸/mm					
		板厚0.5		板厚0.75		板厚1	
		单边	双边	单边	双边	单边	双边
卧式单扣 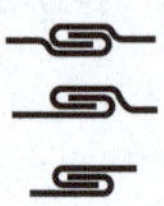	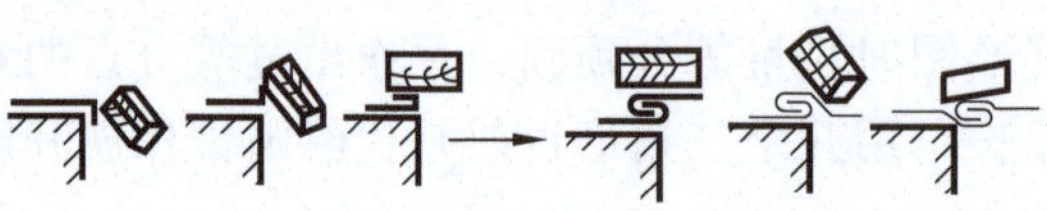	3~4	8~9	5	9~10	5	11
立式半扣 	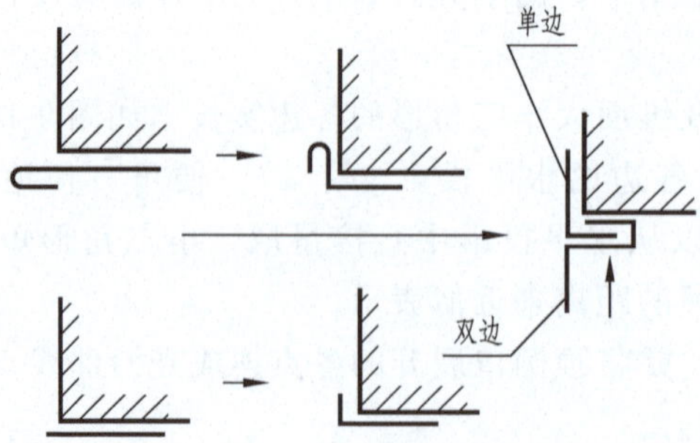	4	8~9	4~5	9~10	5	10

续表

咬缝名称示意图	制作过程	下料尺寸/mm					
		板厚0.5		板厚0.75		板厚1	
		单边	双边	单边	双边	单边	双边
立式双扣		4	16～18	5	18～20	5	20～22

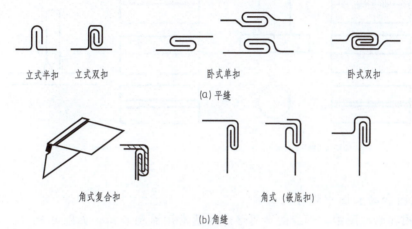

(a) 平缝

(b) 角缝

图 9-15 咬缝形式和种类

9.4 焊接图

焊接是一种常见的不可拆卸连接，它是将需要连接的零件在连接处进行局部处理加热，使其连接成一个坚固的整体。常用的焊接方法有电弧焊、电阻焊、气焊和钎焊等。

在技术图样中，一般采用 GB/T 12212—2012《技术制图 焊缝符号的尺寸、比例及简化画法》和 GB/T 324—2008《焊缝符号表示法》规定的焊缝符号表示焊缝。

9.4.1 焊接接头的形式

两零件焊接的结合处称为焊缝，常用的焊接接头形式有对接、搭接、T形接和L形接等，焊缝形式有对接焊缝、角接焊缝和点焊缝等，如图 9-16 所示。

1. 视图中焊缝的画法

在视图中，可见焊缝用一组细实线圆弧或直线段（允许示意绘制）表示，如图 9-17（a）所示，也允许采用加粗线（线宽为 $2d \sim 3d$，d 为粗实线线宽）表示焊缝，如图 9-17（b）所示。但在同一图样，只允许采用一种画法。在表示焊缝端面的视图中，通常用粗实线绘出焊缝的轮廓，必要时，可用细实线画出焊接前的坡口形状，如图 9-17（b）所示。

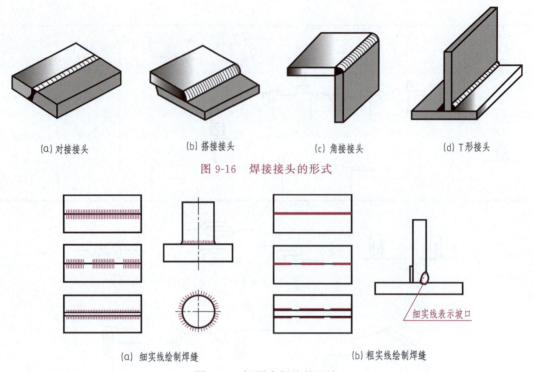

图 9-16 焊接接头的形式

图 9-17 视图中焊缝的画法

2. 剖视图和断面图中焊缝的画法

在剖视图和断面图中，焊缝的金属熔焊区通常用涂黑表示，如图 9-18（a）所示。若同时需要表示坡口等的形状时，熔焊区部分亦可按端面视图的画法绘制，如图 9-18（b）所示。

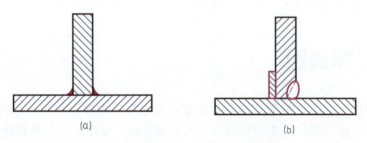

图 9-18 剖视图和断面图中焊缝的画法

9.4.2 焊缝图示法

图样上焊缝的表示方法常采用 GB/T 324—2008 中规定的焊缝符号表示。焊缝符号一般由基本符号和指引线组成，必要时还可以加上辅助符号、补充符号和焊接尺寸符号。在任一图样中，焊缝符号的线宽、焊缝符号中字体的字形、字高和笔画宽度应与图样中其他符号（如尺寸符号、表面结构符号、几何公差符号）的线宽、字体的字形、字高和笔画宽度相同。

1. 基本符号

基本符号是表示焊缝剖面形状的符号，它采用近似于焊缝横剖面形状的符号表示，如表 9-2 所示。基本符号采用实线绘制。当轮廓线宽度为 0.5 或 0.7，数字和大写字母的高度为

3.5 或 5 时，基本符号的线宽为 0.35 或 0.5。

表 9-2 常用焊缝的基本符号、图示法和标注方法示例

序号	焊缝名称	示意图	符号	标注方法示例	
1	I 形焊缝		‖		
2	V 形焊缝		V		
3	单边 V 形焊缝		V		
4	角焊缝		△		
5	点焊缝		○		
6	U 形焊缝		U		

2. 补充符号

补充符号用来表示补充说明有关焊缝或接头的某些特征，如表面形状、衬垫、焊缝分布、施焊地点等。补充符号的线宽同基本符号，如表 9-3 所示。

表 9-3 焊缝的补充符号标注示例

序号	名称	示意图	符号	说明	标注示例
1	平面		—	焊缝表面平整	
2	凹面		⌣	焊缝表面凹陷	
3	凸面		⌢	焊缝表面凸起	
4	永久衬垫		M	衬垫永久保留	
5	三面焊缝		⊏	三面带有焊缝	
6	周围焊缝		○	沿着工件周边施焊的焊缝，标注位置为基准线与箭头线的交点处	

续表

序号	名称	示意图	符号	说明	标注示例
7	现场焊缝		 ▮	现场焊接的焊缝	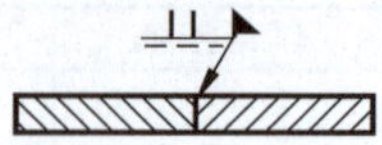
8	尾部		<	可以表示所需的信息（示例为手工电弧焊）	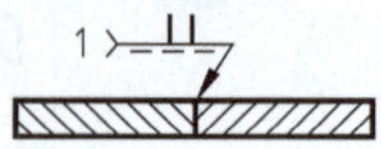

3. 焊缝尺寸符号

焊缝尺寸一般不标注，如设计或生产需注明焊缝尺寸时，可根据表 9-4 标注。

表 9-4 焊缝的尺寸符号

序号	名称	示意图	符号	序号	名称	示意图	符号
1	工件厚度	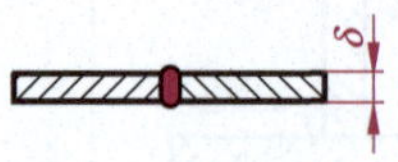	δ	9	焊角尺寸	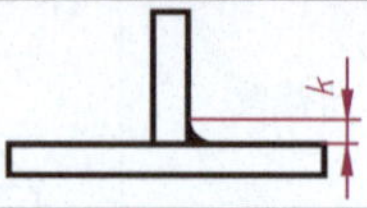	k
2	坡口角度	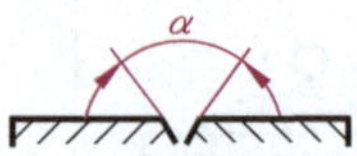	α	10	熔核直径	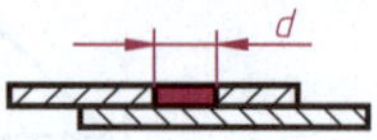	d
3	坡口面角度	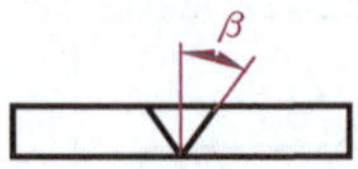	β	11	焊缝宽度	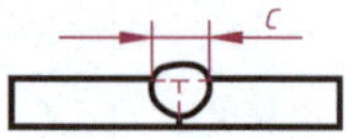	c
4	根部间隙	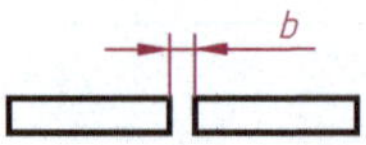	b	12	相同焊缝数量	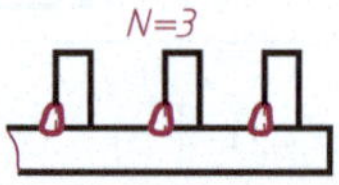	N
5	钝边		p	13	焊缝长度	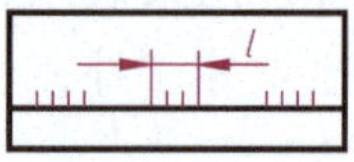	l
6	坡口深度	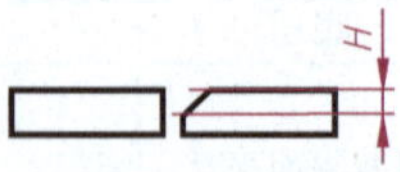	H	14	焊缝间隙	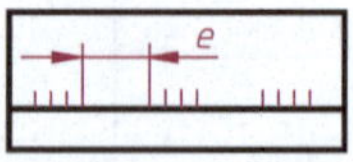	e
7	根部半径	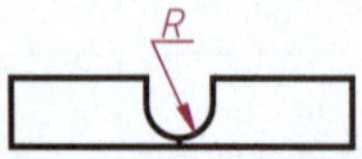	R	15	焊缝段数	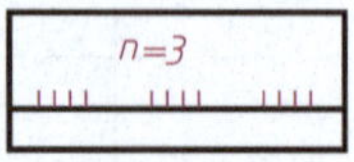	n
8	焊缝有效厚度	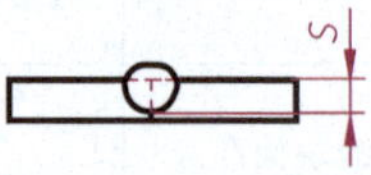	S	16	余高	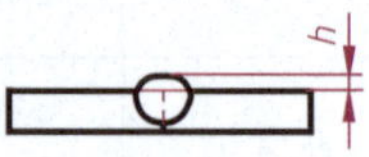	h

9.4.3 焊缝符号的标注

完整的焊缝符号有指引线、箭头、基准线、尾部、基本符号、补充符号、尺寸符号及尺寸数据，如图 9-19 所示。

焊缝符号的基准线由两条互相平行的细实线和细虚线组成，基准线一般与图样标题栏的长边平行；必要时也可与图样标题栏的长边相垂直。基准线后也可加上尾部（90°夹角），相同焊缝的数量、焊接方法代号等可以标注在尾部，尾部需要标注多项内容时，用"/"分开。指引线均采用细线绘制。

用焊缝符号标注焊缝时要注意以下几点：

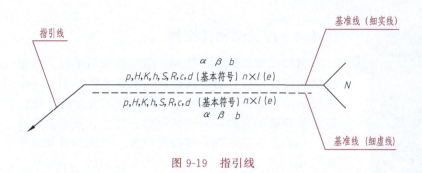

图 9-19　指引线

(1) 指引线直接指向焊缝时，可以指在焊缝的正面或反面，但在标注 V 形焊缝、带钝边 J 形焊缝时，箭头应指向带有坡口一侧的工件。如图 9-20 所示。

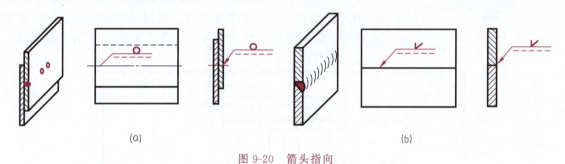

图 9-20　箭头指向

(2) 基准线应与图样的底边平行，必要时，也可与底边垂直。

(3) 当箭头线直接指向焊缝时，基本符号应标注在基准线的细实线上；当箭头线指向焊缝反面时，基本符号应标注在基准线的虚线侧。如图 9-21 所示。

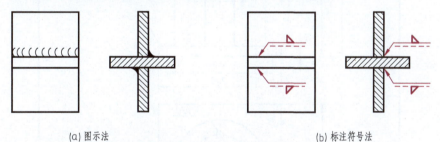

图 9-21　基本符号相对于基准线的位置

(4) 标注对称焊缝或双面焊缝时可不加虚线，如图 9-22 所示。

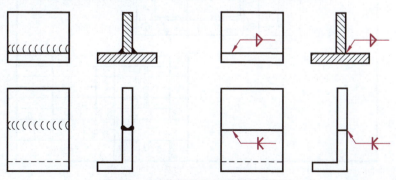

图 9-22　对称焊缝和双面焊缝的标注

9.4.4 焊接结构件案例

当焊接结构的零件较少，结构比较简单时，各组成部分不必单独绘制图样，可以将焊接结构的全部零件绘制在一张图纸上，按装配图的绘制方法绘制图样。当结构比较复杂时，可以将结构的某些部分单独绘制图样，表明其形状、尺寸、技术要求等，而在焊接图样上只表达各组成部分的相对位置、焊接符号及没有单独绘图组件的尺寸。

如图 9-23 所示支架的结构比较简单，可以将所有组件绘制在一张图样上，如图 9-24 所示。从主视图上看有三条焊缝，一处是零件 1 和零件 2 之间，沿零件 1 周围用角焊缝连接，焊缝边长为 5mm；另两处是零件 4 和零件 3 之间，角焊缝现场焊接，前后各 2 条；从俯视图看，零件 5 和零件 3、零件 3 和零件 2 有 2 处焊缝，用角焊缝三面焊接。

图 9-23 支架

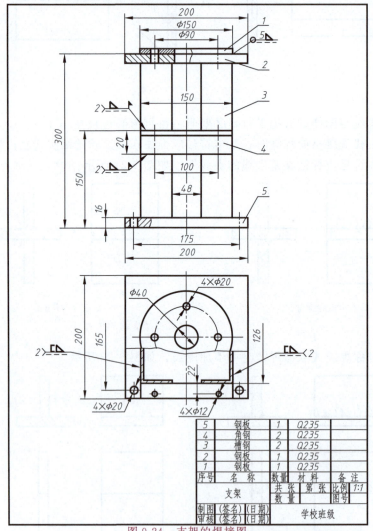

图 9-24 支架的焊接图

附 录

附表 1 标准公差数值（GB/T 1800.1—2009）摘编

基本尺寸 /mm	公差等级																	
	IT1	IT2	IT3	IT4	IT5	IT6	IT7	IT8	IT9	IT10	IT11	IT12	IT13	IT14	IT15	IT16	IT17	IT18
	μm												mm				
≤3	0.8	1.2	2	3	4	6	10	14	25	40	60	0.1	0.14	0.25	0.4	0.6	1	1.4
3～6	1	1.5	2.5	4	5	8	12	18	30	48	75	0.12	0.18	0.3	0.48	0.75	1.2	1.8
6～10	1	1.5	2.5	4	6	9	15	22	36	58	90	0.15	0.22	0.36	0.58	0.9	1.5	2.2
10～18	1.2	2	3	5	8	11	18	27	43	70	110	0.18	0.27	0.43	0.7	1.1	1.8	2.7
18～30	1.5	2.5	4	6	9	13	21	33	52	84	130	0.21	0.33	0.52	0.84	1.3	2.1	3.3
30～50	1.5	2.5	4	7	11	16	25	39	62	100	160	0.25	0.39	0.62	1	1.6	2.5	3.9
50～80	2	3	5	8	13	19	30	46	74	120	190	0.3	0.46	0.74	1.2	1.9	3	4.6
80～120	2.5	4	6	10	15	22	35	54	87	140	220	0.35	0.54	0.87	1.4	2.2	3.5	5.4
120～180	3.5	5	8	12	18	25	40	63	100	160	250	0.4	0.63	1	1.6	2.5	4	6.3
180～250	4.5	7	10	14	20	29	46	72	115	185	290	0.46	0.72	1.15	1.85	2.9	4.6	7.2
250～315	6	8	12	16	23	32	52	81	130	210	320	0.52	0.81	1.3	2.1	3.2	5.2	8.1
315～400	7	9	13	18	25	36	57	89	140	230	360	0.57	0.89	1.4	2.3	3.6	5.7	8.9
400～500	8	10	15	20	27	40	63	97	155	250	400	0.63	0.97	1.55	2.50	4.00	6.3	9.7

注：公称尺寸小于1mm时，无IT14至IT18。

附表 2 优先配合中轴的极限偏差数值（摘自 GB/T 1801—2009 GB/T 1801.2—2009）

公称尺寸 /mm		公差带/μm										
		c	d	f	g	h				k	n	p	s	u
大于	至	11	9	7	6	6	7	9	11	6	6	6	6	6
—	3	−60 −120	−20 −45	−6 −16	−2 −8	0 −6	0 −10	0 −25	0 −60	+6 0	+10 +4	+12 +6	+20 +14	+24 +18
3	6	−70 −145	−30 −60	−10 −22	−4 −12	0 −8	0 −12	0 −30	0 −75	+9 +1	+16 +8	+20 +12	+27 +19	+31 +23
6	10	−80 −170	−40 −76	−13 −28	−5 −14	0 −9	0 −15	0 −36	0 −90	+10 +1	+19 +10	+24 +15	+32 +23	+37 +28
10	14	−95 −205	−50 −93	−16 −34	−6 −17	0 −11	0 −18	0 −43	0 −110	+12 +1	+23 +12	+29 +18	+39 +28	+44 +33
14	18													
18	24	−110 −240	−65 −117	−20 −41	−7 −20	0 −13	0 −21	0 −52	0 −130	+15 +2	+28 +15	+35 +22	+48 +35	+54 +41
24	30													+61 +48

续表

公称尺寸/mm		公差带/μm											
		c	d	f	g	h			k	n	p	s	u
大于	至	11	9	7	6	6	7	9	11	6	6	6	6	6

公称尺寸/mm		公差带/μm											
大于	至	c11	d9	f7	g6	h6	h7	h9	h11	k6	n6	p6	s6	u6
30	40	−120 −280	−80 −142	−25 −50	−9 −25	0 −16	0 −25	0 −62	0 −160	+18 +2	+33 +17	+42 +26	+59 +43	+76 +60
40	50	−130 −290												+86 +70
50	60	−140 −330	−100 −174	−30 −60	−10 −29	0 −19	0 −30	0 −74	0 −190	+21 +2	+39 +20	+51 +32	+72 +53	+106 +87
60	80	−150 −340											+78 +59	+121 +102
80	100	−170 −390	−120 −207	−36 −71	−12 −34	0 −22	0 −35	0 −87	0 −220	+25 +3	+45 +23	+59 +37	+93 +71	+146 +124
100	120	−180 −400											+101 +79	+166 +144
120	140	−200 −450	−145 −245	−43 −83	−14 −39	0 −25	0 −40	0 −100	0 −250	+28 +3	+52 +27	+68 +43	+117 +92	+195 +170
140	160	−210 −460											+125 +100	+215 +190
160	180	−230 −480											+133 +108	+235 +210
180	200	−240 −530	−170 −285	−50 −96	−15 −44	0 −29	0 −46	0 −115	0 −290	+33 +4	+60 +31	+79 +50	+151 +122	+265 +236
200	225	−260 −550											+159 +130	+287 +258
225	250	−280 −570											+169 +140	+313 +284

附表 3　优先配合中孔的极限偏差数值（摘自 GB/T 1801—2009　GB/T 1801.2—2009）

公称尺寸/mm		公差带/μm											
大于	至	C11	D9	F8	G7	H7	H8	H9	H11	K7	N7	P7	S7	U7
—	3	+120 +60	+45 +20	+20 +6	+12 +2	+10 0	+14 0	+25 0	+60 0	0 −10	−4 −14	−6 −16	−14 −24	−18 −28
3	6	+145 +70	+60 +30	+28 +10	+16 +4	+12 0	+18 0	+30 0	+75 0	+3 −9	−4 −16	−8 −20	−15 −27	−19 −31
6	10	+170 +80	+76 +40	+35 +13	+20 +5	+15 0	+22 0	+36 0	+90 0	+5 −10	−4 −19	−9 −24	−17 −32	−22 −37
10	14	+205 +95	+93 +50	+43 +16	+24 +6	+18 0	+27 0	+43 0	+110 0	+6 −12	−5 −23	−11 −29	−21 −39	−26 −44
14	18													
18	24	+240 +110	+117 +65	+53 +20	+28 +7	+21 0	+33 0	+52 0	+130 0	+6 −15	−7 −28	−14 −35	−27 −48	−33 −54
24	30													−40 −61
30	40	+280 +120	+142 +80	+64 +25	+34 +9	+25 0	+39 0	+62 0	+160 0	+7 −18	−8 −33	−17 −42	−34 −59	−51 −76
40	50	+290 +130												−61 −86
50	65	+330 +140	+174 +100	+76 +30	+40 +10	+30 0	+46 0	+74 0	+190 0	+9 −21	−9 −39	−21 −51	−42 −72	−76 −106
65	80	+340 +150											−48 −78	−91 −121

续表

公称尺寸/mm		公差带/μm											
大于	至	C	D	F	G	H				K	N	P	S	U
		11	9	8	7	7	8	9	11	7	7	7	7	7
80	100	+390 +170	+207 +120	+90 +36	+47 +12	+35 0	+54 0	+87 0	+220 0	+10 −25	−10 −45	−24 −59	−58 −93	−111 −146
100	120	+400 +180											−66 −101	−131 −166
120	140	+450 +200	+245 +145	+106 +43	+54 +14	+40 0	+63 0	+100 0	+250 0	+12 −28	−12 −52	−28 −68	−77 −117	−155 −195
140	160	+460 +210											−85 −125	−175 −215
160	180	+480 +230											−93 −133	−195 −235
180	200	+530 +240	+285 +170	+122 +50	+61 +15	+46 0	+72 0	+115 0	+290 0	+13 −33	−14 −60	−33 −79	−105 −151	−219 −265
200	225	+550 +260											−113 −159	−241 −287
225	250	+570 +280											−123 −169	−267 −313

附表 4 普通螺纹的直径与螺距（GB/T 193—2003 GB/T 196—2003）   mm

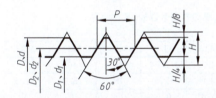

标记示例

公称直径 10mm、螺距 1.5mm、公差带代号均为 6g 的右旋粗牙普通螺纹标记为：M10

公称直径 10mm、螺距 1mm、公差带代号为 6H 的左旋细牙普通螺纹标记为：M10×1-6H-LH

公称直径 D、d		螺距 P		粗牙中径 D_2、d_2	粗牙小径 D_1、d_1
第一系列	第二系列	粗牙	细牙		
3		0.5	0.35	2.675	2.459
	3.5	0.6		3.110	2.850
4		0.7		3.545	3.242
	4.5	0.75	0.50	4.013	3.688
5		0.8		4.480	4.134
6		1	0.75	5.350	4.917
7		1	0.75	6.350	5.179
8		1.25	1, 0.75	7.188	6.647
10		1.5	1.25, 1, 0.75	9.026	8.376
12		1.75	1.25, 1	10.863	10.106
	14	2	1.5, 1.25※, 1	12.701	11.835
16		2	1.5, 1	14.701	13.835
	18	2.5	2, 1.5, 1	16.376	15.294
20		2.5		18.376	17.294
	22	2.5		20.376	19.294
24		3		22.051	20.752
	27	3		25.051	23.752
30		3.5	(3), 2, 1.5, 1	27.727	26.211
	33	3.5		30.727	29.211
36		4	(3), 2, 1.5,	33.402	31.670
	39	4		36.402	34.670

续表

公称直径 D、d		螺距 P		粗牙中径 D_2、d_2	粗牙小径 D_1、d_1
第一系列	第二系列	粗牙	细牙		
42		4.5	4,3,2,1.5	39.077	37.129
	45	4.5		42.077	40.129
48		5		44.752	42.587
	52	5		48.752	46.587
56		5.5		52.428	50.046
	60	5.5		56.428	54.046
64		6		60.103	57.505
	68	6		64.103	61.505

注：1. 优先选用第一系列，括号内尺寸尽可能不用。
2. ※M14×1.25 仅用于火花塞。

附表 5　六角头螺栓 A 和 B 级（GB/T 5782—2016）　六角头螺栓　全螺纹（GB/T 5783—2016）　mm

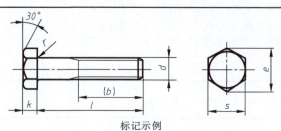

标记示例

螺纹规格 d＝M12、公称长度 l＝80mm、性能等级为 8.8 级、表面氧化、A 级的六角头螺栓，其标记为：
螺栓 GB/T 5782 M12×80

螺纹规格 d		M3	M4	M5	M6	M8	M10	M12	M16	M20	M24	M30	M36
s		5.5	7	8	10	13	16	18	24	30	36	46	55
k		2	2.8	3.5	4	5.1	6.4	7.5	10	12.5	15	18.7	22.5
r		0.1	0.2	0.2	0.25	0.4	0.4	0.6	0.6	0.6	0.8	1	1
e	A	6.01	7.66	8.79	11.05	14.38	17.77	20.03	26.75	33.53	39.98	—	—
	B	5.88	7.50	8.63	10.89	14.20	17.59	19.85	26.17	32.95	39.55	50.85	51.11
(b) GB/T 5782	$l≤124$	12	14	16	18	22	26	30	38	46	54	66	—
	$125≤l≤200$	18	20	22	24	28	32	36	44	52	60	72	84
	$l>200$	31	33	35	37	41	45	49	57	65	73	85	97
l 范围 (GB/T 5782)		20~30	25~40	25~50	30~60	40~80	45~100	50~120	65~160	80~200	90~240	110~3000	140~360
l 范围 (GB/T 5783)		6~30	8~40	10~50	12~60	16~80	20~100	25~120	30~150	40~150	50~150	60~200	70~200
l 系列		6,8,10,12,16,20,25,30,35,40,45,50,55,60,65,70,80,90,100,110,120,130,140,150,160,180,200,220,240,260,280,300,320,340,360,380,400,420,440,460,480,500											

附表 6　双头螺柱　　mm

$b_\mathrm{m}=1d$（GB/T 897—1988）
$b_\mathrm{m}=1.25d$（GB/T 898—1988）
$b_\mathrm{m}=1.5d$（GB/T 899—1988）
$b_\mathrm{m}=2d$（GB/T 900—1988）

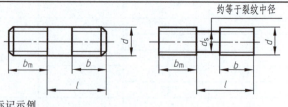

标记示例

两端均为粗牙普通螺纹，d＝10mm，l＝50mm，性能等级为 4.8 级、不经表面处理、B 型、$b_\mathrm{m}=1d$ 的双头螺柱，其标记为：螺柱 GB/T 897 M10×50

若为 A 型，则标记为：螺柱 GB/T 897 AM10×50

续表

螺纹规格d	b_m				l/b
	GB/T 897—1988	GB/T 898—1988	GB/T 899—1988	GB/T 900—1988	
M2			3	4	12~16/6、20~25/10
M2.5			3.5	5	16/8、20~30/11
M3			4.5	6	16~20/6、25~40/12
M4			6	8	16~20/8、20~40/14
M5	5	6	8	10	(16~20)/10、(25~50)/16
M6	6	8	10	12	20/10、(25~30)/14、(35~70)/18
M8	8	10	12	16	20/12、(25~30)/16、(35~90)/22
M10	10	12	15	20	25/14、(30~35)/16、(40~120)/26、130/32
M12	12	15	18	24	(25~30)/16、(35~40)/20、(45~120)/30、(130~180)/36
M16	16	20	24	32	(30~35)/20、(40~50)/30、(60~120)/38、(130~200)/44
M20	20	25	30	40	(35~40)/25、(45~60)/35、(70~120)/46、(130~200)/52
M24	24	30	36	48	(45~50)/30、(60~70)/45、(80~120)/54、(130~200)/60
M30	30	38	45	60	60/40、(70~90)/50、(100~120)/66、(130~200)/72、(210~250)/85
M36	36	45	54	72	70/45、(80~110)/60、120/78、(130~200)/84、(210~300)/97
M42	42	52	63	84	(70~80)/50、(90~110)/70、120/90、(130~200)/96、(210~300)/109
M48	48	60	72	96	(80~90)/60、(100~110)/80、120/102、(130~200)/108、(210~300)/121
l 系列	12、16、20、25、30、35、40、45、50、60、70、80、90、100、110、120、130、140、150、160、170、180、190、200、210、220、230、240、250、260、280、300				

附表7 Ⅰ型六角螺母 A和B级（GB/T 6170—2000） mm

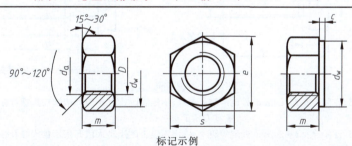

标记示例

螺纹规格 D＝M12、性能等级8级、不经表面处理 A级1型六角螺母标记为：螺母 GB/T 6170 M12

螺纹规格 D＝M12、性能等级04级、不经表面处理 A级六角薄螺母标记为：螺母 GB/T 6172.1 M12

螺纹规格D	螺距P	c max	d_a max	d_w min	e min	m max	m_w min		s	
									公称=max	min
M1.6	0.35	0.2	1.84	1.60	2.4	3.41	1.30	1.05	0.8	3.20	3.02
M2	0.4	0.2	2.3	2.0	3.1	4.32	1.60	1.35	1.1	4.00	3.82
M2.5	0.45	0.3	2.9	2.5	4.1	5.45	2.00	1.75	1.4	5.00	4.82
M3	0.5	0.4	3.45	3.00	4.6	6.01	2.40	2.15	1.7	5.50	5.32
M4	0.7	0.4	4.6	4.0	5.9	7.66	3.2	2.9	2.3	7.00	6.78
M5	0.8	0.5	5.75	5.00	6.9	8.79	4.7	4.4	3.5	8.00	7.78

续表

螺纹规格 D	螺距 P	c max	d_a max		d_w min	e min	m max	m_w min		s	
				min				min		公称=max	min
M6	1	0.5	6.75	6.00	8.9	11.05	5.2	4.9	3.9	10.00	9.78
M8	1.25	0.6	8.75	8.00	11.6	14.38	6.80	6.44	5.2	13.00	12.73
M10	1.5	0.6	10.8	10.0	14.6	17.77	8.40	8.04	6.4	16.00	15.73
M12	1.75	0.6	13	12	16.6	20.03	10.80	10.37	8.3	18.00	17.73
M16	2	0.8	17.3	16.0	22.5	26.75	14.8	14.1	11.3	24.00	23.67
M20	2.5	0.8	21.6	20.0	27.7	32.95	18.0	16.9	13.5	30.00	29.16
M24	3	0.8	25.9	24.0	33.3	39.55	21.5	20.2	16.2	36	35
M30	3.5	0.8	32.4	30.0	42.8	50.85	25.6	24.3	19.4	46	45
M36	4	0.8	38.9	36.0	51.1	60.79	31.0	29.4	23.5	55.0	53.8
M42	4.5	1.0	45.4	42.0	60	72.02	34.0	32.2	25.9	65.0	63.1
M48	5	1.0	51.8	48.0	69.5	82.6	38.0	36.4	29.1	75.0	73.1
M56	5.5	1.0	60.5	56.0	78.7	93.56	45.0	43.3	34.7	85.0	82.8
M64	6	1.0	69.1	64.0	88.2	104.86	51.0	49.1	39.3	95.0	92.8

注：1. A 级用于 $D\leqslant 16$ 的螺母，B 级用于 $D\geqslant 16$ 的螺母。本表仅按优选的螺纹规格列出。
2. 螺纹规格为 M8～M64、细牙、A 级和 B 级的 I 型六角头螺母，请查阅 GB/T 6171—2000。

附表 8　开槽圆柱头螺钉、开槽盘头螺钉　　　　　　　　　　　　　　mm

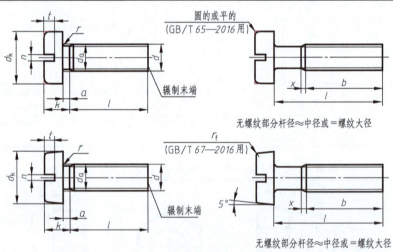

标记示例
螺纹规格 d＝M5、公称长度 l＝20mm、性能等级 4.8 级、不经表面处理 A 级开槽圆柱头螺钉标记为：
　　　　　螺钉 GB/T 65　M15×20
螺纹规格 d＝M5、公称长度 l＝20mm、性能等级 4.8 级、不经表面处理 A 级开槽圆盘头螺钉标记为：
　　　　　螺钉 GB/T 67　M15×20

螺纹规格 d		M1.6	M2	M2.5	M3	M4		M5		M6		M8		M10	
类别		GB/T 67—2000				GB/T 65—2000	GB/T 67—2000	GB/T 65—2000	GB/T 67—2000	GB/T 65—2000	GB/T 67—2000	GB/T 65—2000	GB/T 67—2000	GB/T 65—2000	GB/T 67—2000
螺距 P		0.35	0.4	0.45	0.5	0.7		0.8		1		1.25		1.5	
a	max	0.7	0.8	0.9	1	1.4		1.6		2		2.5		3	
b	min	25	25	25	25	38		38		38		38		38	
d_k	max	3.2	4.0	5.0	5.6	7.00	8.00	8.50	9.50	10.00	12.00	13.00	16.00	16.00	20.00
	min	2.9	3.7	4.7	5.3	6.78	7.64	8.28	9.14	9.78	11.57	12.73	14.57	15.73	19.48
d_a	max	2	2.6	3.1	3.6	4.7		5.7		6.8		9.2		11.2	

续表

螺纹规格 d		M1.6	M2	M2.5	M3	M4		M5		M6		M8		M10	
类别			GB/T 67—2000			GB/T 65—2000	GB/T 67—2000	GB/T 65—2000	GB/T 67—2000	GB/T 65—2000	GB/T 67—2000	GB/T 65—2000	GB/T 67—2000	GB/T 65—2000	GB/T 67—2000
k	max	1.00	1.30	1.50	1.8	2.60	2.40	3.30	3.00	3.9	3.6	5.0	4.8	6.0	
	min	0.86	1.16	1.36	1.66	2.46	2.26	3.12	2.86	3.6	3.3	4.7	4.5	5.7	
n	公称	0.4	0.5	0.6	0.8	1.2		1.2		1.6		2		2.5	
	min	0.46	0.56	0.66	0.86	1.26		1.26		1.66		2.06		2.56	
	max	0.60	0.70	0.80	1.00	1.51		1.51		1.91		2.31		2.81	
r	min	0.1	0.1	0.1	0.1	0.2		0.2		0.25		0.4		0.4	
r_f	参考	0.5	0.6	0.8	0.9		1.2		1.5		1.8		2.4		3
t	min	0.35	0.5	0.6	0.7	1.1	1	1.3	1.2	1.6	1.4	2	1.9	2.4	
u	min	0.3	0.4	0.5	0.7	1.1		1.2		1.6	1.4	2	1.9	2.4	
x	max	0.9	1	1.1	1.25	1.75		2		2.5		3.2		3.8	
l（商品规格范围公称长度）		2~16	2.5~20	3~25	4~30	5~40		6~50		8~60		10~80		12~80	
l（系列）		2,2.5,3,4,5,6,8,10,12,(14),16,2,25,30,35,40,45,50,(55),60,(65),70,(75),80													

附表 9 开槽沉头螺钉   mm

GB/T 68—2016   GB/T 69—2016

无螺纹部分杆径≈中径或=螺纹大径

标记示例

螺纹规格 d＝M5、公称长度 l＝20mm、性能等级 4.8 级、不经表面处理的 A 级开槽沉头螺钉标记为：

螺钉 GB/T 68   M15×20

螺纹规格 d			M1.6	M2	M2.5	M3	M4	M5	M6	M8	M10
螺距 P			0.35	0.4	0.45	0.5	0.7	0.8	1	1.25	1.5
a		max	0.7	0.8	0.9	1	1.4	1.6	2	2.5	3
b		min			25				38		
d_k	理论值	max	3.6	4.4	5.5	6.3	9.4	10.4	12.6	17.3	20
	实际值	公称=max	3.0	3.8	4.7	5.5	8.40	9.30	11.30	15.80	18.30
		min	2.7	3.5	4.4	5.2	8.04	8.94	10.87	15.37	17.78
k	公称=max		1	1.2	1.5	1.65	2.7	2.7	3.3	4.65	5
n		公称	0.4	0.5	0.6	0.8	1.2	1.2	1.6	2	2.5
		min	0.46	0.56	0.66	0.86	1.26	1.26	1.66	2.06	2.56
		max	0.60	0.70	0.80	1.00	1.51	1.51	1.91	2.31	2.81
r		max	0.4	0.5	0.6	0.8	1	1.3	1.5	2	2.5
x		max	0.9	1	1.1	1.25	1.75	2	2.5	3.2	3.8
f		≈	0.4	0.5	0.6	0.7	1	1.2	1.4	2	2.3
r_f		≈	3	4	5	6	9.5	9.5	12	16.5	19.5

续表

t	max	GB/T 68—2000	0.50	0.6	0.75	0.85	1.3	1.4	1.6	2.3	2.6
		GB/T 69—2000	0.80	1.0	1.2	1.45	1.9	2.4	2.8	3.7	4.4
	min	GB/T 68—2000	0.32	0.4	0.50	0.60	1.0	1.1	1.2	1.8	2.0
		GB/T 69—2000	0.64	0.8	1.0	1.20	1.6	2.0	2.4	3.2	3.8
l(商品规格范围公称长度)			2.5~16	3~20	4~25	5~30	6~40	8~50	8~60	10~80	12~80
l(系列)			2.5,3,4,5,6,8,10,12,(14),16,20,25,30,35,40,45,50,(55),60,(65),70,(75),80								

注：1. 公称长度 l≤30mm 而螺纹规格 d 在 M1.6～M3 的螺钉，应制出全螺纹；公称长度 l≤45mm，而螺纹规格 d 在 M4～M10 的螺钉也应制出全螺纹【$b=l-(k+a)$】。
2. 尽可能不采用括号内的规格。

附表10　内六角圆柱头螺钉（GB/T 70.1—2008）　　mm

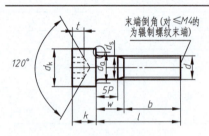

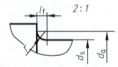

标记示例

螺纹规格 d＝M5、公称长度 l＝20mm、性能等级8.8级、表面氧化的 A 级内六角圆柱头螺钉标记为：

螺钉 GB/T 70.1　M15×20

螺纹规格 d		M3	M4	M5	M6	M8	M10	M12	M16	M20	M24
螺距 P		0.5	0.7	0.8	1	1.25	1.5	1.75	2	2.5	3
b 参考		18	20	22	24	28	32	36	44	52	60
d_k	max	5.50	7.00	8.50	10.00	13.00	16.00	18.00	24.00	30.00	36.00
	min	5.32	6.78	8.28	9.78	12.73	15.73	17.73	23.67	29.67	35.61
d_a	max	3.6	4.7	5.7	6.8	9.2	11.2	13.7	17.7	22.4	26.4
d_s	max	3.00	4.00	5.00	6.00	8.00	10.00	12.00	16.00	20.00	24.00
	min	2.86	3.82	4.82	5.82	7.78	9.78	11.73	15.73	19.67	23.67
e	min	2.87	3.44	4.58	5.72	6.86	9.15	11.13	16	19.44	21.73
l_f	max	0.51	0.6	0.6	0.68	1.02	1.02	1.45	1.45	2.04	2.04
k	max	3.00	4.00	5.00	6.0	8.00	10.00	12.00	16.00	20.00	24.00
	min	2.86	3.82	4.82	5.7	7.64	9.64	11.57	15.57	19.48	23.48
r	min	0.1	0.2	0.2	0.25	0.4	0.4	0.6	0.6	0.8	0.8
s	公称	2.5	3	4	5	6	8	10	14	17	19
	max	2.58	3.080	4.095	5.140	6.140	8.175	10.175	14.212	17.23	19.275
	min	2.52	3.020	4.020	5.020	6.020	8.025	10.025	14.032	17.05	19.065
t	min	1.3	2	2.5	3	4	5	6	8	10	12
d_w	min	5.07	6.53	8.03	9.38	12.33	15.33	17.23	23.17	28.87	34.81
w	min	1.15	1.4	1.9	2.3	3.3	4	4.8	6.8	8.6	10.4
l(商品规格范围)		5~30	6~40	8~50	10~60	12~80	16~100	20~120	25~160	30~200	40~200
l≤表中数值时，螺纹制到距头部 3P 以内		20	25	25	30	35	40	50	60	70	80
l(系列)		5,6,8,10,12,16,20,25,30,35,40,45,50,55,60,65,70,80,90,100,110,120,130,140,150,160,180,200									

附表 11 紧定螺钉   mm

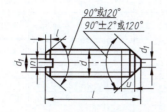
GB/T 71—1985

GB/T 73—1985

GB/T 75—1985

公称长度为短螺钉时,应制成 120°,u 为不完整螺纹的长度≤2P

标注示例

螺纹规格 d＝M5、公称长度 l＝12mm、性能等级为 14H 级、表面氧化的开槽平端紧定螺钉标记为：

螺钉 GB/T 70.1 M15×20

d		M1.2	M1.6	M2	M2.5	M3	M4	M5	M6	M8	M10	M12
螺距 P		0.25	0.35	0.4	0.45	0.5	0.7	0.8	1	1.25	1.5	1.75
d_f	≈	螺纹小径										
d_t	min											
	max	0.12	0.16	0.2	0.25	0.3	0.4	0.5	1.5	2	2.5	3
d_p	min	0.35	0.55	0.75	1.25	1.75	2.25	3.2	3.7	5.2	6.64	8.14
	max	0.6	0.8	1	1.5	2	2.5	3.5	4	5.5	7	8.5
n	公称	0.2	0.25	0.25	0.4	0.4	0.6	0.8	1	1.2	1.6	2
	min	0.26	0.31	0.31	0.46	0.46	0.66	0.86	1.06	1.26	1.66	2.06
	max	0.4	0.45	0.45	0.6	0.6	0.8	1	1.2	1.51	1.91	2.31
t	min	0.4	0.56	0.64	0.72	0.8	1.12	1.28	1.6	2	2.4	2.8
	max	0.52	0.74	0.84	0.95	1.05	1.42	1.63	2	2.5	3	3.6
z	min		0.8	1	1.25	1.5	2	2.5	3	4	5	6
	max		1.05	1.25	1.5	1.75	2.25	2.75	3.25	4.3	5.3	6.3
GB/T 71—1985	l(公称长度)	2～6	2～8	3～10	3～12	4～16	6～20	8～25	8～30	10～40	12～50	14～60
	l(短螺钉)	2	2～2.5	2～2.5	2～3	2～3	2～4	2～5	2～6	2～8	2～10	2～12
GB/T 73—1985	l(公称长度)	2～6	2～8	2～10	2.5～12	3～16	4～20	5～25	6～30	8～40	10～50	12～60
	l(短螺钉)		2	2～2.5	2～3	2～3	2～4	2～5	2～6	2～8	2～8	2～10
GB/T 75—1985	l(公称长度)		2.5～8	3～10	4～12	5～16	6～20	8～25	8～30	10～40	12～50	14～60
	l(短螺钉)		2～2.5	2～3	2～4	2～5	2～6	2～8	2～10	2～14	2～16	2～20
l(系列)		2,2.5,3,4,5,6,8,10,12,(14),16,20,25,30,35,40,45,50,(55),60										

注：1. 公称长度为商品规格尺寸。

2. 尽可能不采用括号内的规格。

附表 12 弹簧垫圈   mm

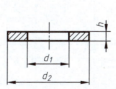
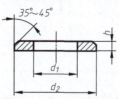

标注示例

标准系列、规格 8mm、性能等级为 140HV 级、不经表面处理的平垫圈标记为：

垫圈 GB/T 97.1 8

续表

规格(螺纹大径)			2	2.5	3	4	5	6	8	10	12	16	20	24	30	36	42	48
d	min		2.1	2.6	3.1	4.1	5.1	6.1	8.1	10.2	12.2	16.2	20.2	24.5	30.5	36.5	42.5	48.5
	max		2.35	2.85	3.4	4.4	5.4	6.68	8.68	10.9	12.9	16.9	21.04	25.5	31.5	37.7	43.7	49.7
s(b) 公称		GB/T 93—1987	0.5	0.65	0.8	1.1	1.3	1.6	2.1	2.6	3.1	4.1	5	6	7.5	9	10.5	12
s 公称		GB/T 859—1987	—	—	0.6	0.8	1	1.3	1.6	2	2.5	3.2	4	5	6	—	—	—
b 公称		GB/T 859—1987	—	—	1	1.2	1.5	2	2.5	3	3.5	4.5	5.5	7	9	—	—	—
H	GB/T 93—1987	min	1	1.3	1.6	2.2	2.6	3.2	4.2	5.2	6.2	8.2	10	12	15	18	21	24
		max	1.25	1.63	2	2.75	3.25	4	5.25	6.5	7.75	10.25	12.5	15	18.75	22.5	26.25	30
	GB/T 859—1987	min	—	—	1.2	1.6	2.2	2.6	3.2	4	5	6.4	8	10	12	—	—	—
		max	—	—	1.5	2	2.75	3.25	4	5	6.25	8	10	12.5	15	—	—	—
m≤	GB/T 93—1987		0.25	0.33	0.4	0.55	0.65	0.8	1.05	1.3	1.55	2.05	2.5	3	3.75	4.5	5.25	6
	GB/T 859—1987		—	—	0.3	0.4	0.55	0.65	0.8	1	1.25	1.6	2	2.5	3	—	—	—

附表 13 垫圈   mm

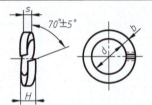
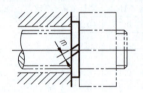

标注示例

规格 16mm、材料为 65Mn、表面氧化的标准型弹簧垫圈标记为：垫圈　GB/T 93　16

规格 16mm、材料为 65Mn、表面氧化的轻型弹簧垫圈标记为：垫圈　GB/T 859　16

规格(螺纹大径)			3	4	5	6	8	10	12	14	16	20	24	30	36
内径 d_1	公称	GB/T 848—2002	3.2	4.3	5.3	6.4	8.4	10.5	13	15	17	21	25	31	37
		GB/T 97.1—2002													
		GB/T 97.2—2002	—	—											
		GB/T 96.1—2002	3.2	4.3								22	26	33	39
	max	GB/T 848—2002	3.38	4.48	5.48	6.62	9.62	10.71	13.27	15.27	17.27	21.33	25.33	31.39	37.62
		GB/T 97.1—2002													
		GB/T 97.2—2002	—	—											
		GB/T 96.1—2002	3.38	4.48								22.25	26.84	34	40
内径 d_2	公称(max)	GB/T 848—2002	6	8	9	11	15	16	20	24	28	34	39	50	60
		GB/T 97.1—2002	7	9	10	12	16	20	24	28	30	37	44	56	66
		GB/T 97.2—2002	—	—											
		GB/T 96.1—2002	9	12	15	18	24	30	37	44	50	60	72	92	110
	min	GB/T 848—2002	5.7	7.64	8.64	10.57	14.57	17.57	19.48	23.48	27.48	33.38	38.38	49.38	58.8
		GB/T 97.1—2002	6.64	8.64	9.64	11.57	15.57	19.48	23.48	27.48	29.48	36.38	43.38	55.26	64.48
		GB/T 97.2—2002	—	—											
		GB/T 96.1—2002	8.64	11.57	14.57	17.57	23.48	29.48	36.38	43.38	49.38	58.1	70.1	89.8	107.8
厚度 h	公称(max)	GB/T 848—2002	0.5	0.5			1.6	2	2.5		2.5	3	4	4	5
		GB/T 97.1—2002		0.8	1	1.6	1.6	2	2.5						
		GB/T 97.2—2002					2	2.5		3					
		GB/T 96.1—2002	0.8	1	1.2	1.6	2	2.5	3	3	3	4	5	6	8
	max	GB/T 848—2002	0.55	0.55			1.8	2.2	2.7		2.7	3.3	4.3	4.3	5.6
		GB/T 97.1—2002		0.9	1.1	1.8	1.8	2.2	2.7						
		GB/T 97.2—2002	—	—			2.2	2.7		3.3					
		GB/T 96.1—2002	0.9	1.1	1.4	1.8	2.2	2.7	3.3	3.3	3.3	4.6	6	7	9.2
	min	GB/T 848—2002	0.45	0.45			1.4	1.8	2.3		2.3	2.7	3.7	3.7	4.4
		GB/T 97.1—2002		0.7	0.9	1.4	1.4	1.8	2.3						
		GB/T 97.2—2002	—	—			1.8	2.3		2.7					
		GB/T 96.1—2002	0.7	0.9	1	1.4	1.8	2.3	2.7	2.7	2.7	3.4	4	5	6.8

附表 14　平键和键槽的尺寸与公差（摘自 GB/T 1095—2003 和 GB/T 1096—2003）　　mm

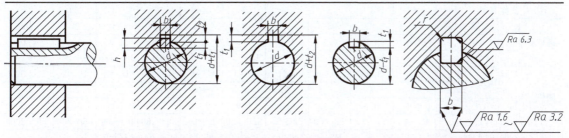

轴的直径	公称尺寸 $b \times h$	键槽										
		宽度 b					深度				半径	
		公称尺寸 b	极限偏差				轴 t_1		毂 t_2			
			较松连接		一般连接		较紧连接	公称	偏差	公称	偏差	min	max
			轴 H9	毂 D10	轴 N9	毂 JS9	轴和毂 P9						
自 6～8	2×2	2	+0.025　0	+0.060　+0.020	−0.004　−0.029	±0.0125	−0.006　−0.031	1.2	+0.1　0	1.0	+0.1　0	0.08	0.16
>8～10	3×3	3						1.8		1.4			
>10～12	4×4	4	+0.030　0	+0.078　+0.030	0　−0.030	±0.015	−0.012　−0.042	2.5		1.8			
>12～17	5×5	5						3.0		2.3			
>17～22	6×6	6						3.5		2.8		0.16	0.25
>22～30	8×7	8	+0.036　0	+0.098　+0.040	0　−0.036	±0.018	−0.015　−0.051	4.0		3.3			
>30～38	10×8	10						5.0		3.3			
>38～44	12×8	12	+0.043　0	+0.120　+0.050	0　−0.043	±0.0215	−0.018　−0.061	5.0	+0.2　0	3.3	+0.2　0	0.25	0.40
>44～50	14×9	14						5.5		3.8			
>50～58	16×10	16						6.0		4.3			
>58～65	18×11	18						7.0		4.4			
>65～75	20×12	20	0　−0.052	+0.031	+0.022　−0.074	+0.052　0	+0.149　+0.065	7.5		4.9			
>75～85	22×14	22						9.0		5.4		0.40	0.60
>85～95	25×14	25						9.0		5.4			
>95～110	28×16	28						10.0		6.4			
>110～130	32×18	32						11.0		7.4			
>130～150	36×20	36	0　−0.052	±0.037	−0.026　−0.088	+0.062　0	+0.180　+0.080	12.0	+0.3　0	8.4	+0.3　0	0.70	1.0
>150～170	40×22	40						13.0		9.4			
>170～200	45×25	45						15.0		10.4			

注：1. $(d-t_1)$ 和 $(d+t_2)$ 两组合尺寸的极限偏差 t 和 t_1 的极限偏差选取，但 $(d-t_1)$ 极限偏差应取负号（−）。
2. 轴的直径不在本标准所列，仅供参考。
3. 键尺寸的极限偏差 b 为 h8，h 为 h11，L 为 h14。

附表 15　销　　mm

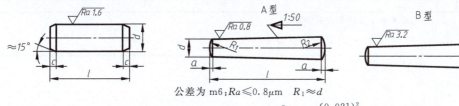

公差为 m6：$Ra \leqslant 0.8\mu m$　　$R_1 \approx d$

公差为 h8：$Ra \leqslant 1.6\mu m$　　$R_2 \approx \dfrac{a}{2} + d + \dfrac{(0.021)^2}{8a}$

标记示例

公称直径 $d=6mm$、公差为 m6、公称长度 $l=30mm$、材料为钢、不经淬火、不经表面处理的圆柱销标记为：
　销　GB/T 119.1—2000　6m6×30

公称直径 $d=6mm$、公称长度 $l=30mm$、材料为 35 钢、热处理硬度 28～38HRC、表面氧化处理的 A 型圆锥销标记为：
　销　GB/T 117—2000　6×30

续表

	公称直径		3	4	5	6	8	10	12	16	20	25
圆柱销	d(h8 或 m6)		3	4	5	6	8	10	12	16	20	25
	$c\approx$		0.5	0.63	0.8	1.2	1.6	2.0	2.5	3.0	3.5	4.0
	l(公称)		8～30	8～40	10～50	12～60	14～80	18～95	22～140	26～180	35～200	50～200
圆锥销	d(h10)	min	2.96	3.95	4.95	5.95	7.94	9.94	11.93	15.93	19.92	24.92
		max	3	4	5	6	8	10	12	16	20	25
	$c\approx$		0.4	0.5	0.63	0.8	1.0	1.2	1.6	2.0	2.5	3.0
	l(公称)		12～45	14～55	18～60	22～90	22～120	26～160	32～180	40～200	45～200	50～200
	l(公称)的系列		12～32(2 进位),35～100(5 进位),100～200(20 进位)									

附表 16　深沟球轴承（GB/T 276—2013）

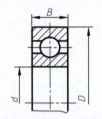

标记示例
类型代号为 6、轴圈内径 d 为 60mm、尺寸系列代号为(0)2 的深沟球轴承标记为：
滚动轴承 6212 GB/T 276—2013

轴承代号	尺寸/mm			轴承代号	尺寸/mm		
	d	D	B		d	D	B
尺寸系列代号(1)0				尺寸系列代号(0)3			
6000	10	26	8	6307	35	80	21
6001	12	28	8	6308	40	90	23
6002	15	32	9	6309	45	100	25
6003	17	35	10	6310	50	110	27
尺寸系列代号(0)2				尺寸系列代号(0)4			
6202	15	35	11	6408	40	110	27
6203	17	40	12	6409	45	120	29
6204	20	47	14	6410	50	120	31
6205	25	52	15	6411	55	140	33
6206	30	62	16	6412	60	150	35
6207	35	72	17	6413	65	160	37
6208	40	80	18	6414	70	180	42
6209	45	85	19	6415	75	190	45
6210	50	90	20	6416	80	200	48
6211	55	100	21	6417	85	210	52
6212	60	110	22	6418	90	225	54
6213	65	120	23	6419	95	240	55

注：表中"()"表示该数字在轴承代号中省略。

附表 17　圆锥滚子轴承（GB/T 297—2015）

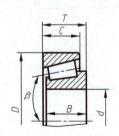

标记示例
类型代号为 3、轴圈内径 d 为 35mm、尺寸系列代号为 03 的圆锥滚子轴承标记为：
滚动轴承 30307 GB/T 297—2015

续表

轴承代号	尺寸/mm					轴承代号	尺寸/mm				
	d	D	T	B	C		d	D	T	B	C
尺寸系列代号 02						尺寸系列代号 23					
30207	35	72	18.25	17	15	32309	45	100	38.25	36	30
30208	40	80	19.75	18	16	32310	50	110	42.25	40	33
30209	45	85	20.75	19	16	32311	55	120	45.5	43	35
30210	50	90	21.75	20	17	32312	60	130	48.5	46	37
30211	55	100	22.75	21	18	32313	65	140	51	48	39
30212	60	110	23.75	22	19	32314	70	150	54	51	42
尺寸系列代号 02						尺寸系列代号 30					
30307	35	80	22.75	21	18	33005	25	47	17	17	14
30308	40	90	25.25	23	20	33006	30	55	20	20	16
30309	45	100	27.25	25	22	33007	35	62	21	21	17
30310	50	110	29.25	27	23	尺寸系列代号 31					
30311	55	120	31.5	29	25	33108	40	75	26	26	20.5
30312	60	130	33.5	31	26	33109	45	80	26	26	20.5
30313	65	140	36	33	28	33110	50	85	26	26	20
30314	70	150	38	35	30	33111	55	95	30	30	23

附表 18 推力球轴承（GB/T 301—1995）

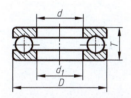

标记示例

类型代号为 5、轴圈内径 d 为 40mm、尺寸系列代号为 13 的推力球轴承标记为：
滚动轴承 51308 GB/T 301

轴承代号	尺寸/mm				轴承代号	尺寸/mm			
	d	d_1	D	T		d	d_1	D	T
尺寸系列代号 11					尺寸系列代号 12				
51112	60	62	85	17	51214	70	72	105	27
51113	65	67	90	18	51215	75	77	110	27
51114	70	72	95	18	51216	80	82	115	28
尺寸系列代号 12					尺寸系列代号 13				
51204	20	22	40	14	51304	20	22	47	18
51205	25	27	47	15	51305	25	27	52	18
51206	30	32	52	16	51306	30	32	60	21
51207	35	37	62	18	51307	35	37	68	24
51208	40	42	68	19	51308	40	42	78	26
51209	45	47	73	20	尺寸系列代号 14				
51210	50	52	78	22	51405	25	27	60	24
51211	55	57	90	25	51406	30	32	70	28
51212	60	62	95	26	51407	35	37	80	32

参 考 文 献

［1］ 李年芬. 机械制图. 北京：科学出版社，2005.
［2］ 张正祥，李年芬. 机械制图. 北京：北京理工大学出版社，2015.
［3］ 卢明. 汽车零部件识图. 北京：高等教育出版社，2014.
［4］ 吕波. 工程制图. 北京：北京邮电大学出版社，2013.
［5］ 王冰. 机械制图及测绘实训. 北京：高等教育出版社，2015.
［6］ 钱可强. 机械制图. 北京：化学工业出版社，2011.
［7］ 《机械制图》国家标准工作组. 机械制图新旧标准代换教程. 北京：中国标准出版社，2003.